20日完成 ▼ スピードマスター 倫理問題集

村西 龍 編

山川出版社

本書の構成と使用方法

　本書は大きく二つの柱で構成されている。前半は学習指導要領に従った知識の整理と確認を中心としており、後半は『倫理』の学習が本来求めている人間と社会についての課題を12のテーマ問題として設定している。前半で基礎知識の確認をし、後半でその知識を使って現代的な課題を考察してみようというものである。

　まず、前半は知識整理のページと知識確認のページに分かれている。**知識整理**のページでは、教科書掲載の頻度が高く、またセンター試験でもよく出題されている基本的な用語を中心に、各思想や理論が簡潔に理解できるように有機的にまとめてある。

　次に〈スピード・チェック〉と名づけられた**知識確認**ページでは、単なる用語の確認だけではなく、思想や理論の内容・背景・影響なども同時に理解できるような文章表現をこころがけた。これは『倫理』という科目が知識以上に、理解と思考を重視する科目だからである。従って、センター試験の中心となる文章選択問題への対応は、十分にとることができると確信している。

　さらに、後半は〈アタック〉という名の下に**テーマ問題**を設定した。それは次の三点の理由からである。

① 『倫理』の教科書の記述が、心理学・哲学・宗教学・倫理学・社会学などの多くの分野から成り立ち、同じような課題を扱いながらも一つにまとめられていないので、それを本書でまとめてみようとしたためである。

② 次に、『倫理』という科目は〈人間としてのあり方・生き方〉を扱う科目であり、断片的な知識だけでは有効な働きをなさない。それゆえ、それらの知識を有機的に組み合わせることで、人間や社会などのテーマについて総合的に考える力をつけてもらいたいと考えたためである。

③ そして、何よりも大学入学共通テストのリード文が、人間や社会が抱えるさまざまな問題をテーマとして出題しているという現実を踏まえて、短文集合のテーマ問題ではあるが、『倫理』の学習内容をテーマごとにまとめてみようとしたためである。

　本書は約3週間で『倫理』に関する知識の整理ができるように構成されている。定期考査の事前対策はもとより、大学入試、とくに大学入学共通テスト直前の整理に活用してもらうことを目的として作られている。その際、巻末の解答はチェックがしやすいように縦に配列してあり、弱点を確認するために正答・誤答のチェックが容易にできるよう、解答の前に□を設けたので活用してもらいたい。なお、知識整理のページの赤字は教科書掲載頻度の非常に高い用語であり、黒のゴシック字はやや頻度の高い用語である。

編　者

目次

1	さまざまな人間像と青年期の特徴 … 4
	スピード・チェック … 6
2	青年期の自己形成と課題 … 8
	スピード・チェック … 10
3	ギリシアの思想 … 12
	スピード・チェック … 14
4	キリスト教・イスラームの思想 … 16
	スピード・チェック … 18
5	インドの思想 … 20
	スピード・チェック … 22
6	中国の思想 … 24
	スピード・チェック … 26
7	日本の文化と仏教の伝来 … 28
	スピード・チェック … 30
8	日本仏教の発展 … 32
	スピード・チェック … 34
9	日本儒学と民衆の思想 … 36
	スピード・チェック … 38
10	国学と洋学・幕末の思想 … 40
	スピード・チェック … 42
11	近代日本の思想 … 44
	スピード・チェック … 46
12	人間の尊厳と科学的精神のめばえ … 48
	スピード・チェック … 50
13	科学技術と人間 … 52
	スピード・チェック … 54
14	近代民主主義思想と人権 … 56
	スピード・チェック … 58
15	近代市民社会の倫理 … 60
	スピード・チェック … 62
16	人間性の回復を求めて … 64
	スピード・チェック … 66

17	ヒューマニズムと現代への批判	68
	スピード・チェック	70
18	生命と環境	72
	スピード・チェック	74
19	家族・地域社会と情報社会	76
	スピード・チェック	78
20	異文化理解と人類の福祉	80
	スピード・チェック	82
付章	人生と芸術	84
	スピード・チェック	85
1	人間と自然	86
	アタック	
2	価値と道徳	87
	アタック	
3	個人と社会・自己と他者	88
	アタック	
4	幸福と理想社会	89
	アタック	
5	理性と感情	90
	アタック	
6	学問と教育	91
	アタック	
7	戦争と平和	92
	アタック	
8	正義と権利・自由と平等	93
	アタック	
9	信仰と救い	94
	アタック	
10	生命と死	95
	アタック	
11	親・子・家族	96
	アタック	
12	文化・芸術と思想	97
	アタック	

1 さまざまな人間像と青年期の特徴

1 ── さまざまな人間像
① **ホモ＝サピエンス**（英知人）：知性をもつ人という意味……スウェーデンの**リンネ**の命名
② **ホモ＝ファーベル**（工作人）：道具を作って自然を改変していく人という意味……フランスの**ベルクソン**の言葉
③ **ホモ＝ルーデンス**（遊戯人）：遊びから文化を創り出す人という意味……オランダの**ホイジンガ**の言葉
④ **ホモ＝シンボリクス**（象徴的動物）：言葉や文字などの**象徴**を操る人という意味……ドイツの**カッシーラ**の言葉
⑤ **ホモ＝レリギオースス**（宗教人）：自分を超える超越者を信じる人という意味

2 ── 青年期の特徴
①**青年期の位置**

乳児期	幼児期	児童期	プレ青年期	青年前期	青年後期	プレ成人期	成人期

②**身体的特徴**：11〜13歳頃，急激な身体的な変化
　　├─ 体位(身長・体重・胸囲)の向上
　　└─ **第二次性徴**……男子の精通，女子の月経など
③**社会的特徴**
　(1)未開・前近代社会→**通過儀礼**（**イニシエーション**）を経るだけで大人になる
　　　　　　　　　　　M.ミード→未開社会の女子には青年期特有の葛藤がない
　(2)現代の近代社会→社会構造が複雑で大人になるための準備期間が必要
　　　　　　　　　　　　　↓
　　　　子どもと大人の中間に位置する**境界人**（**マージナルマン**）：レヴィンの言葉

3 ── 自我意識と第二の誕生
①**自我意識**の活発化
　(1)**自我のめざめ**……心身の変化が自分についての意識をめざめさせる
　(2)**精神的自立**……自我のめざめにより，精神的に親や大人から自立しようとする
　　　　　　　　　　　　　　　　　　　　＝
　　　　　　　　　　　　　　　　　　心理的離乳
　(3)新たな自分……青年の精神的自立を，フランスの**ルソー**は〈**第二の誕生**〉とよぶ
　　　「われわれは，いわば二度この世に生まれ出る。一度目は存在するために，二度目

は生きるために。」(『エミール』)
② 反抗：精神的自立は，親や大人や社会的権威に反抗する中で行われる＝**第二反抗期**

4 ── 欲求と適応行動

① **欲求**→人間を行動にかりたてる内的な要因
　　┬ **生理(一次)的欲求**……食欲・性欲・休息欲などの本能的な欲求
　　└ **社会(二次)的欲求**……所属・愛情・承認などの社会的な欲求
② **適応**……人間は欲求を満たすことで状況に自分を適合させていく
③ **欲求不満(フラストレーション)**……欲求が満たされないとき生まれる精神的な緊張
④ **葛藤(コンフリクト)**……同時に二つ以上の欲求が生じたときに起こる精神的緊張
　├ 接近・接近：「～したい」という二つ以上の欲求が同時に生じたとき
　├ 接近・回避：「～したい」と「～したくない」という欲求が同時に生じたとき
　└ 回避・回避：「～したくない」という二つ以上の欲求が同時に生じたとき

5 ── フロイトと精神分析

① **フロイト**(19～20C　オーストリア)：『**精神分析学入門**』『**夢判断**』
　(1) 精神の構造 ┬ **自我(エゴ)**：現実への適応を効果的に行う意識領域
　　　　　　　　├ **超自我**：良心などの社会規範を内面化して形成される領域
　　　　　　　　└ **衝動(エス，イド)**：**無意識**の内にある本能的欲求の領域
　　　　　　　　　　└ **リビドー**：イドに蓄えられた性衝動で創造活動の源ともなる
　(2) **防衛機制**……欲求不満を**無意識**のうちに解消しようとしてとられる自己防衛機能
　　├ **抑圧**：不安や苦悩の原因となるものを無意識の中に押し込めること
　　├ **合理化**：不満の原因に理由をつけて，自己の正当化をはかること
　　├ **同一視**：満たされない欲求を満たしている他人に自分を重ねること
　　├ **投射**：満たされない欲求の原因を不満の相手に押しつけること
　　├ **反動形成**：欲求が満たされないとき，その欲求と反対の態度をとること
　　├ **逃避**：苦しみや困難に遭遇したとき，解決の努力をせずに逃げ出すこと
　　├ **退行**：欲求が満たされないとき，幼い頃の行動や言葉遣いをすること
　　└ **置き換え** ┬ **代償**：満たされない欲求を類似のものに換えてそらすこと
　　　　　　　　　└ **昇華**：満たされない本能的欲求を社会的に容認される価値に置き換えること
　(3) 不満の合理的・非合理的対応
　　a. **合理的解決**：欲求不満を合理的に解決すること
　　b. **近道反応**：欲求不満を衝動的・短絡的(たんらくてき)行動によって解決しようとすること
② **ユング**(19～20C　スイス)
　(1) **集合(普遍(ふへん))的無意識**：フロイトの個人的無意識に対して，人類の太古以来の経験の中に蓄積されてきた無意識をいう
　(2) **元型(アーキタイプス)**(げんけい)：大地を母と見るような集合的無意識に見られる普遍的な型

1 スピード・チェック

さまざまな人間像と青年期の特徴

1 ── さまざまな人間像

❶ 人間をどう見るかは各人異なるが, スウェーデンの(1　　)は人間をホモ＝サピエンスととらえ, オランダのホイジンガは人間を(2　　)ととらえた。

❷ ドイツの(3　　)は, 人間が言語などの象徴を用いる点から人間をホモ＝シンボリクスとよび, フランスのベルクソンは人間を(4　　)とよんだ。

2 ── 青年期の特徴

❶ 11〜13歳頃から男子では精通, 女子では月経などといった(5　　)が見られるようになり, 少年・少女は児童期から青年期へと移行していく。

❷ 青年前期は, 子どもでもない大人でもない不安定な状態におかれるが, 心理学者レヴィンはこうした状態の青年を(6　　)とよび, 日本語では周辺人あるいは(7　　)とよばれている。

❸ 前近代社会や未開社会では, 子どもは早くから大人社会に混じって生活に必要な知恵を学ぶことができるため, 青年は一定の(8　　)を経れば大人になれる。

❹ アメリカの文化人類学者(9　　)は, 南太平洋のサモア島の少女には青年期特有の葛藤が見られないと報告している。

3 ── 自我意識と第二の誕生

❶ 青年期は(10　　)の活発化によって自分の内面や容姿に強く関心をもつようになるが, とくに(11　　)とよばれる, 自分がどのような人間であるかということに気づく出来事によって, 青年の内面生活が始まるのである。

❷ 青年の自己に対する意識の高まりは, それまで依存してきた親や大人から精神的に自立しようとする。この精神的な自立のことを(12　　)という。

❸ 青年の精神的自立は, いままでになかった自分を発見したり, 新たな自分を生み出すことにつながっていく。フランスの思想家(13　　)は, こうした青年期のあり方を, 「われわれは, いわば二度この世に生まれ出る。一度目は存在するために, 二度目は生きるために」と, その著『(14　　)』の中で語っているが, それはまさに〈(15　　)〉とでもいうべき出来事なのである。

❹ しかし, 青年の自立は平穏な形で推移するのではなく, それまで自分を守ってくれた親や大人の保護を管理や拘束ととらえ, それに反発・(16　　)という形をとることが多い。青年にこうした行動傾向の現われる時期を, とくに(17　　)とよぶ。

4 ── 欲求と適応行動

❶ 人間の行動は何らかの(18　　)によって引き起こされる。それは大別して生命や種族の保存を目的とする(19　　)と, 集団への帰属や自己実現などを求める(20　　)がある。前

者は一次的欲求，後者は二次的欲求ともいわれる。

❷ 人間が環境と調和しようとすることを(21　)というが，いつもそれがうまくいくとは限らない。このように自分と環境との不調和の状態を(22　)というが，こうした状態は心身に何らかの異常をもたらすことが多い。

❸ 人間は自分の欲求が満たされないとき，(23　)あるいは欲求不満の状態になる。しかし，この状態は自我を不安定にさせるため，ひとは(24　)のうちに自我を安定させようとする行動をとる。これをオーストリアの心理学者(25　)は，(26　)とよんでいる。

❹ 欲求不満を解消するために，自覚しないでとる行動の典型は，嫌なことや苦しいことを意識の底に押さえ込んでしまう(27　)という機制である。

❺ 好きな相手にそっけない振りをする(28　)も，好きだと告白して振られてしまったとき，相手に非があるかのように言いふらす(29　)も，無意識に自我を守っているのである。

❻ 人間は自分の欲求が満たされないとき，(30　)という自分を納得させる行為や，不満な出来事や困難から目をそむけようとする(31　)という行動をとることがある。

❼ 幼児や児童においては，憧れの人物に自分を重ね合わせる(32　)という行為や，困難や不満に遭遇したとき，幼い頃の言動に逆戻りする(33　)という現象がしばしば見られる。

❽ 満たされない欲求を他のものに置き換えて不満をそらす場合，旅行に行けない人が時刻表を眺めて旅行気分を味わう場合のような(34　)と，好きだという自分の思いを打ち明けられないもどかしさを，芸術活動や文学などにぶつける(35　)とに分けることができる。

❾ 二つ以上の欲求が同時に発生したときに生じる精神的緊張を英語で(36　)というが，日本語の(37　)という言葉は，ツタやカズラに巻きつかれて身動きできなくなった状態を示している。

❿ 不満が生じた時でも冷静になって(38　)ができる者もいれば，不満のいらだちや怒りを周辺に撒き散らす(39　)という衝動的・短絡的な行動を起こすものもいる。

⓫ フロイトの影響を受けたスイスの心理学者(40　)は，フロイトの個人的無意識に加えて，人類に共通する(41　)を提唱した。それは，アニマ・アニムスといった男女の魂やグレートマザーといわれる〈大いなる母〉のイメージなどがあり，その共通する型を彼は(42　)とよんでいる。

2　青年期の自己形成と課題

1 ── 青年期の自己形成
①パーソナリティの形成
　(1) **パーソナリティ**(人格　personality)：人間の知・情・意の全体的・統一的特徴
　(2) パーソナリティの要素
　　　a．**能力**(ability)
　　　　　┌知能：精神的能力─┐　┌先天(遺伝)的要素─┐　の複合的要因によって
　　　　　└技能：身体的能力─┘→└後天(環境)的要素─┘　形成
　　　b．気質：情緒や好みなどの感情的な特質で，先天的要素が強い
　　　c．**性格**(character)
　　　　　└能力や気質を行動へと導く意志的な特質
　(3) 性格の分類
　　　a．**シュプランガー**……求める価値によって性格を分類
　　　　　　　　　　　　　　　└理論型・経済型・審美型・社会型・権力型・宗教型
　　　b．**クレッチマー**……体型と性格の相関を研究→細長型・肥満型・闘士型
　　　c．**リースマン**……人間の社会的性格を研究
　　　　　　　　　　　┌伝統指向型：社会の慣習を尊重する性格
　　　　　　　　　　　├内部指向型：自己の内面に行動基準をおく性格
　　　　　　　　　　　└**他人指向型**：同時代人の動向に行動基準をおく性格で，現代
　　　　　　　　　　　　　　　　　　人の特徴的性格
　　　d．ユング……心のエネルギーの方向で性格を分類→**内向型・外向型**
②社会性をもった個性の形成
　(1) **個性**：他者との比較によって明確となる個人的な特性
　(2) 個性化と社会化
　　　　　　　┌個人的特性を身につける**個性化**─────┐
　　人間は─┤　　　　　　　　　　　　　　　　　　　　├によって成長する
　　　　　　　└社会生活に必要な知識や慣習を身につける**社会化**─┘

2 ── 青年期の人間関係
①友人との関係
　└心理的離乳による親からの自立からくる空虚感や寂寥感を補い，夢や希望を語り
　　合える相手として友人を求める→**友情**に高い価値をおく
②異性との関係
　└第二次性徴にともなう性的関心が人間的な憧れをともなって**恋愛感情**を育てる

③孤独と不安→強い自我意識が，静かに深い孤独感や漠然とした不安を抱かせる

3 ── アイデンティティとモラトリアム
①**アイデンティティ**(**自我同一性**　ego-identity)：アメリカの**エリクソン**の理論
　(1)アイデンティティの二つの側面
　　a．過去・現在・未来を通して，自分は自分であるという主体的な確信
　　b．自分は集団に受け入れられ，一定の責任を果たしているという社会的な自信
　(2)**アイデンティティの危機(拡散)**
　　自分は集団に受け入れられていない ─┐
　　　　　　　　　　　　　　　　　　　├ といった自分に対する自信・確信が
　　自分の将来の姿がはっきり見えない ─┘　もてない状態
　(3)**アイデンティティの確立**
　　危機(拡散)の克服過程で，自分に対する自信や確信がもてるようになること
②**モラトリアム**(猶予期間)
　(1)**心理的・社会的モラトリアム**：青年がアイデンティティを確立するまで，社会的な責任や義務の一部を免除される期間
　(2)**モラトリアム人間**：大人になることを引き延ばそうとする青年のこと→**小此木啓吾**の言葉
③ライフサイクルと発達課題
　(1)**ライフサイクル**(**人生周期**　life-cycle)
　　└ 人生を八つの段階に区分し，結婚後は夫婦や親や祖父母として複数の世代と交わりつつ生涯発達を遂げていくとする，エリクソンの説
　(2)**発達課題**：各発達段階において果たしておくべき課題
　　a．**ハヴィガースト**：六つの発達課題をかかげた
　　b．**エリクソン**：青年期の発達課題はアイデンティティの確立だとした

4 ── 自己実現と社会参加
①**若者文化**(ユースカルチャー　youth culture)：青年期特有の心理的特性から生み出される文化→反体制・反権威的な性格とともに創造的な面をもつ
②**社会参加**：他者との連帯を求めて，**ボランティア**などの社会貢献に努力する一方，社会に出ても親の経済力に依存する**パラサイト＝シングル**や学校にも行かず，仕事にも就かず，訓練も受けない**ニート**とよばれる青年もいる
③自己実現：**欲求の階層説**を唱えたアメリカの心理学者**マズロー**は，生理的な**欠乏欲求**・精神的な**成長欲求**の最上段に**自己実現**の欲求をおいている。
④生きがいを求めて
　(1)**生きがい**：生きていることに対する充実感・手応えのこと
　(2)**神谷美恵子**：生きがいは精神的な価値によって満たされるもので，使命感をもつことが重要と説く→『生きがいについて』
　(3)**フランクル**：アウシュヴィッツの経験から，人間は〈**生きる意味**〉を求めて生きるかぎり希望をもてると説く

スピード・チェック 2
青年期の自己形成と課題

1 ── 青年期の自己形成

❶ ラテン語の〈面〉を意味する〈ペルソナ〉に由来する(1　)は，人間の知的，情緒的，および(2　)的側面などの統一的特徴を意味し，日本語で(3　)と訳されている。

❷ 身体的能力である技能や精神的能力である(4　)は，人間の能力を形成する二つの要素であり，(5　)は個人の意志的側面，(6　)は情緒的側面を意味する。

❸ 心理学では性格を特定の基準によって類型化する試みがなされている。ドイツの心理学者(7　)は体型と気質を関連づけて分類し，(8　)はその人の価値観に従って性格を分けている。さらにアメリカの社会学者リースマンは性格を伝統指向型・内部指向型・(9　)の三つに分け，現代の大衆は最後の類型が多いと指摘し，スイスの心理学者ユングは，心のエネルギーの方向によって性格を(10　)と外向型に分類している。

❹ 人間の発達にとって，個人的な特性を身につける(11　)と，社会生活に必要な知識や慣習を学ぶ(12　)とは両輪の働きをなしている。

2 ── 青年期の人間関係

❶ 親や大人から精神的に自立しようとする青年は，友人や(13　)との交流によって，その不安や動揺を癒そうとする傾向がある。前者では心の友との間に何ものにも代えがたい(14　)を育み，後者では性的関心と人間的憧れが恋愛感情を育てていく。

❷ 親や大人からの精神的な自立は，まだ十分強い自我が育っていない青年は，漠然とした(15　)に襲われることもあるが，一方で強い自我意識は自分は他の誰でもない自分だという意識とともに，青年に深い(16　)を抱かせることも少なくない。

3 ── アイデンティティとモラトリアム

❶ アメリカの心理学者(17　)は，自分が自分であることに確信・自信がもてることを英語で(18　)とよんでいるが，これは日本語では(19　)と訳されている。

❷ 青年は精神的にはまだ十分に自立できていないため，自分自身に自信や確信をもちにくい。このような状態を(20　)というが，そうした状態を克服するなかで，いつしか(21　)とよばれる自分らしさに自信と確信がもてる状態に至り，青年は一人前になっていくのである。

❸ 現代社会は高度化・複雑化しており，青年がアイデンティティを確立するには多くの困難を乗り越えていかなくてはならない。そのため，青年にはアイデンティティ確立までの準備期間として社会的責任や(22　)が免除され，猶予されているとエリクソンは考え，これを(23　)とよんだ。

❹ エリクソンは発達に従って人生を八段階に区分し，これを(24　)とよんでいる。〈人生周期〉と訳されるこの過程には，それぞれの段階において果たしておかなければならない社会的期待や要請があり，それを(25　)という。人間はこの期待や要請に応えなが

ら生涯発達し続けるのである。

❺ 日本の心理学者(26)は，現代の若者には人生の選択を先延ばし，与えられた猶予期間に浸(ひた)りきっている(27)とよぶようなものがいると指摘した。

4 ── 自己実現と社会参加

❶ (28)あるいはユースカルチャーとよばれる文化は，青年期特有の心理と行動から生み出されるため，大人文化への対抗文化であるとともに，それまでにない新たな文化を生み出す(29)的な側面をもっている。

❷ 他者との関わりを求めて積極的に社会活動に加わることを(30)というが，中でも近年注目を集めているのが，阪神・淡路大震災以降，東日本大震災や広島土砂災害などの被災現場で活発化している(31)活動である。

❸ こうした積極的な社会活動を行う青年もいれば，社会人として働いているにもかかわらず親の経済力に依存している(32)とよばれる若者や，学校にも行かず・仕事もせず・何の訓練も受けていない(33)といわれる青年も少なくないのが現状である。

❹ アメリカの心理学者(34)は，人間の欲求を生理的な欠乏欲求，その上に精神的な(35)をおき，さらに最上段に(36)の欲求をおき，下位の欲求を満たしながら上位の欲求を満たしていくと考えた。

❺ 人間はただ生きているのではなく，(37)といわれるような何らかの充実感を求めて生きている。日本の精神科医(38)は，ハンセン病患者のケアの体験から，生きる上での充実感の大切さを説いている。

❻ オーストリアの精神科医(39)は，ナチスの絶滅収容所アウシュヴィッツの体験を通して，人間の生にとって〈(40)〉を求めることの大切さを説いている。

3 ギリシアの思想

1── 神話から哲学へ
①神話的世界観
　(1)**神話(ミュトス)**……ギリシアでは自然の事象を神の仕業とみなし，人間の意志を超え
　　　　　　　　　　　た**運命(モイラ)**と受け止めていた
　(2)文学作品……**ホメロス**→トロイ戦争を描いた『**イリアス**』・『**オデュッセイア**』
　　　　　　　　ヘシオドス→神々の誕生と系譜を描いた『**神統記**』
②自然哲学……神話によらず，経験的事実に基づいて世界を説明
　(1)哲学の基本姿勢
　　　 a．人間の理性(**ロゴス**)の尊重
　　　 b．万物の生成・変化の根源・原理(**アルケー**)の探求
　　　 c．冷静に事物を観察する態度(**テオリア**)の重視
　(2)哲学者たち
　　　 a．**タレス**(前7C)：イオニア哲学　哲学の祖　「**万物の根源は水である**」
　　　 b．**ピタゴラス**(前6C)：宗教教団の祖→「肉体は魂の牢獄」　万物の根源は〈**数**〉
　　　 c．**パルメニデス**(前6C)：「有るものはあり，有らぬものはあらぬ」
　　　 d．**エンペドクレス**(前5C)：世界は**土・空気・水・火**の集合・分離から成り立つ
　　　 e．**デモクリトス**(前5C)：万物は微小な物質**アトム(原子)**から成る

2── ソフィストとソクラテス
①ソフィストと相対主義
　(1)**ソフィスト**……民主政治の発達にともない**弁論術**や市民的徳の教授を職業とした人々
　　　　　　　　　　　　　　　　　　　└のち論理で人々を操る**詭弁**に陥る
　(2)**プロタゴラス**(前5C)
　　　└「**人間は万物の尺度である**」→人間の判断の主観性・相対性を主張＝**相対主義**
　(3)**ゴルギアス**(前5C)……何も知り得ず知っても教えられない→**不可知論**を説く
②**ソクラテス**(前5～4C)……プラトンの『**ソクラテスの弁明**』『**クリトン**』に描かれる
　(1)**徳(アレテー)**……人間にとっての**善美の事柄**である**魂(プシュケー)**の善さを探求
　(2)**魂への配慮**……自分の魂が善くあるように気遣うこと→**善く生きること**の大切さ
　(3)**無知の知**……自分は善美の事柄については何も知らないのだという自覚
　　　↓　　　　 └「**汝自身を知れ**」→**デルフォイ神殿**の**銘文**
　(4)**知の探求**……無知の自覚は知への探求の始まり→**愛知**(**フィロソフィア**　哲学)
　(5)**問答法(助産術)**……問答によって相手に無知を気づかせ，真理探究に向かわせる

(6) **知徳合一・知行合一**……徳とは何かを知ることで，正しい行為が生まれる
(7) ソクラテスの死：国家の認める神を信じず，若者を堕落させたとして死刑

3 ── プラトン(前5～4C)：『**国家**』『**饗宴**』『**パイドン**』　学園：**アカデメイア**

① **イデア論**：すべての事物は，永遠不滅の真実在である**イデア**を分けもっている
　└すべての善さの原型でイデアの中のイデアとされるのは**善のイデア**
② **イデア界**(英知界)……イデアや魂など完全で永遠不滅なものが存在する世界
　現象界……感覚で捉えられる不完全で有限な個物が存在する世界
　└人間は洞窟の中で壁に映った影を実物だと思って生きている→**洞窟の比喩**
③ **エロース**……魂が同じ英知界にいたイデアを慕う情熱のこと
　想起(アナムネーシス)説……魂が英知界のイデアを思い出すこと
④ 魂の三分説と理想国家
　(1) 魂 ┬ 認識・判断能力＝**理性**　　(2) **四元徳** ┬ 理性の徳＝**知恵**　┐
　　　　├ 決断・行動能力＝**気概**　　　　　　　　├ 気概の徳＝**勇気**　├調和⇨**正義**
　　　　└ 感覚・欲求能力＝**欲望**　　　　　　　　└ 欲望の徳＝**節制**　┘
　(3) **理想国家**
　　　理性的で知恵を有する＝**統治者**　　イデアを求める愛知者が，統治者として理性
　　　意志的で勇気を有する＝**防衛者**　　によって他の階級を指導する**哲人政治**が理想
　　　欲望的で節制が必要　 ＝**生産者**　　の政治形態である。

4 ── アリストテレス(前4C)：『**ニコマコス倫理学**』『**形而上学**』『**政治学**』

① 運動論……**質料**(事物の素材)が事物に内在する**形相**(事物の本質)に向かって，形相を
　　　　　　得ていない**可能態**から，形相を得た**現実態**へと変化・発展していく
② 倫理学 ┬ **知性的徳**：真理認識に関わる**知恵**と行為の適・不適に関わる**思慮**が備わる
　　　　　└ **習性的徳**：思慮が行為に偏りのない**中庸**を目指し，それを習慣化した徳
③ 国家論……「**人間はポリス的動物である**」
　(1) 原理：結合原理＝**友愛(フィリア)**……優れた者同士が善を与え合うこと
　　　　　　秩序原理＝**正義** ┬ **全体的正義**：法律を遵守すること
　　　　　　　　　　　　　　　└ **部分的正義** ┬ **配分的正義**：能力や働きに応じた公平
　　　　　　　　　　　　　　　　　　　　　　　└ **調整的正義**：利害得失の調整による公平
　(2) 政体の種類：王政・貴族政・共和政→堕落形態：僭主政・寡頭政・**衆愚政**
④ 幸福論……誰もが求める最高の善さ＝最高善＝幸福＝**テオーリア(観想)的生活**

5 ── ヘレニズムの思想

① **エピクロス派**……開祖：エピクロス
　└ **快楽主義**⇨快楽とは心が乱されない**アタラクシア**の状態
　　　　　　　　　└公的生活から逃れて「**隠れて生きよ**」
② **ストア派**……開祖：ゼノン
　└ **禁欲主義**⇨情念を抑えた**アパテイア**を重視
　　　　　　　　└自然の理法(**ロゴス**)に従うこと→「**自然に従って生きよ**」

スピード・チェック 3
ギリシアの思想

1 —— 神話から哲学へ

❶ 神話はギリシア語で(1　)といわれ，自然現象を神格化した神々の物語である。そして，(2　)は『イリアス』や『オデュッセイア』に，(3　)は『神統記』などに神々と英雄の物語を描いた。

❷ (4　)は神話的世界観を脱却して，世界や自然を合理的に説明しようとして生まれた学問である。その学問的特徴は理性すなわち(5　)の尊重，万物の根源すなわち(6　)の探求，そして(7　)といわれる観察態度である。

❸〈哲学の祖〉とよばれたミレトス市出身の(8　)は，「万物の根源は(9　)である」と語っている。彼を先駆とする哲学は，(10　)哲学といわれる。

❹ 宗教家でもあった(11　)は，魂の浄化のために修行とともに音楽と数学とを課し，世界を構成するのは(12　)とその比率であると説いた。

❺「有るものはあり，有らぬものはあらぬ」と語った(13　)は，運動を否定してその後の思想界に大きな影響を与えた。

❻ 世界は土・空気・水・火の分離と集合で成り立つと説いた(14　)の後を受けて，(15　)は世界を構成するのは微小な物質である(16　)だと考え，現代にも大きな影響を与えた。

2 —— ソフィストとソクラテス

❶ ペルシア戦争後のアテネで活躍した(17　)とよばれる教師集団は，判断の主観性・相対性を容認する(18　)を唱え，説得の技術として(19　)の重要性を説いたが，その代表者が「人間は(20　)である」と語った(21　)である。

❷ 人間にとっての善美の事柄とは魂の善さのことであり，ギリシア語の(22　)すなわち徳を意味する。

❸ (23　)は，アテネの街頭に立って(24　)という独特の方法で人々に徳とは何なのかを問いかけた。それは，(25　)神殿の銘文「(26　)」という言葉を投げかけ，自分の魂のあり方に心を配っているか，という問いかけであった。

❹ (27　)とは単なる無知ではなく，徳とは何なのかを知らないことの自覚であり，この自覚のゆえに知への探求すなわち(28　)あるいは哲学が始まるのである。

❺ 大切なのは名誉や財産ではなく「(29　)こと」であり，(30　)すなわち魂が善くあることだとして，(31　)を説いた。

❻ 有徳であるということは徳とは何かを知ることで，これを(32　)という。また，徳を知らなければそれを実践できないが，これを(33　)という。

3 —— プラトン

❶ (34　)は，師ソクラテスが求めた事物の本質を(35　)とよび，中でもすべての事物の

存在と認識の根拠である本質中の本質を(36　)とよんだ。
❷ 彼は，人間はまるで洞窟の中で壁に映った影を実物だと思って生きているという(37　)によって，現象界の事物と英知界の真実在の関係を譬えで示した。
❸ 魂は英知界で一緒だった真実在を求めている。この真実在への情熱が(38　)であり，魂が真実在に出会うことは(39　)すなわちアナムネーシスである。
❹ 彼は魂を理性と(40　)と欲望に分け，それぞれに(41　)・勇気・(42　)の徳があり，これらの徳が調和をもって備わるとき(43　)が実現するという。
❺ 魂の三分説は国家にも適用され，勇気に勝る人は(44　)として国防にあたり，欲望的な人は(45　)として経済を支え，国民を導く支配者は知を愛し求める者でなければならないとして，(46　)の思想を展開した。

4 ── アリストテレス

❶ プラトンの学園(47　)で20年間学んだ(48　)は，師のイデア論を批判し，本質である(49　)は事物に内在し，素材である(50　)を得て，それまで可能態でしかなかったものが現実態となると考えた。
❷ 人間の徳は理性の正しい働きによる(51　)と，習慣の中で形成される(52　)とがあるが，とくに後者は理性のうちの(53　)が相手や場合に応じて行為に過不足のない(54　)を目指し，それが習慣化することで形成される徳とされた。
❸ 「人間は(55　)である」と考えた彼は，国家は結合原理である(56　)と秩序原理である(57　)によって成り立つと考え，後者をさらに全体と部分に分け，部分的正義を能力や仕事に応じた公平である(58　)と利害の調整をはかる(59　)に分類した。
❹ 彼は，人間は善さを求めて生きており，そのうちの最高善は幸福といわれるが，それが人間の幸福であるかぎり理性に即した幸福であらねばならないと考え，理性を十分に働かせて生きる(60　)的生活を人間的な幸福だとした。

5 ── ヘレニズムの思想

❶ 快楽は善であると快楽主義を唱えた(61　)は，魂に煩わしさのない(62　)を理想としたが，そのためには「(63　)」と語って公的生活から遠ざかるようにと提言した。
❷ (64　)派の(65　)は，自然界はロゴスに貫かれており，人間も自らの理性（ロゴス）に従って生きるべきで，それは「(66　)生きる」ことである。そのためには情念に流されない(67　)を求めねばならないと禁欲主義を説いた。

4 キリスト教・イスラームの思想

1 ── ユダヤ教

①ヘブライ(ユダヤ・イスラエル)の民
　前16C頃：メソポタミア地方から，**アブラハム**に率いられて移動
　　　　　└─一部は**カナーン**(現パレスチナ)に移住，一部はエジプトに入る
　前13C頃：**モーセ**に率いられてエジプトを脱出＝**出エジプト**
　　　　　└─途中，シナイ山で神から『**十戒**』を授かる
　前11C頃：ヘブライ王国成立
　　　　　└─王は油を注がれた者＝**メシア**(ギリシア語で**キリスト**)とよばれる
　　　　　　　　└─キリスト教では神の国をもたらす**救世主**
　前10C頃：**ダビデ・ソロモン**王時代の繁栄→信仰心の希薄化→**預言者**による警告

②ユダヤ教の成立
　　　　　　　　　　　　　　　┌─北のイスラエル　　　　↓
　ダビデ王の死後，ヘブライ王国分裂┤
　　　　　　　　　　　　　　　└─南のユダ……預言者イザヤの活躍
　　　↓
　王侯・貴族がバビロンに連行される＝**バビロン捕囚**……預言者エレミヤの活躍
　　　↓
　解放後，イェルサレムに神殿を建て，教義を整えて教団が成立＝**ユダヤ教**成立

③ユダヤ教の特質
　(1)聖典：『**旧約聖書**』……〈創世記〉〈出エジプト記〉〈申命記〉などからなる
　　　　　　　　　　　　└─天地創造や**アダム**とイブの楽園追放など
　(2)神：**ヤハウェ(ヤーウェ)**：〈在りて在るもの〉という意味
　　　　├─創造神：この世のすべてを創造した唯一の神(唯一神)
　　　　├─人格神：契約を結び，裁きを行うなど人間的特質をもつ神
　　　　└─裁き(義)の神：契約の履行を迫り，**終末**には裁きにより正義(義)を実現
　(3)**選民思想**：ヘブライの民は神から特別の使命と恩恵を受けているという思想
　(4)聖地：イェルサレムの〈**嘆きの壁**〉

2 ── イエスの教え

①**イエス**……大工ヨゼフと**マリア**の子→マリアが聖霊によって身籠る
②メシアの自覚……**ヨハネの洗礼(バプティスマ)**を受け，イエスはメシアを自覚→荒野で
　　　　　　　　の試練→ペテロら12人の弟子を得て伝道開始
③信仰の形式化……信仰の形式化をイエスは批判する
　　パリサイ派……厳格な**律法**(十戒を中心とする神との契約と掟の総称)の遵守を迫った

④律法主義批判……イエスは信仰の原点を求めて，律法の形式化を批判した
　(1)「**安息日**は人のためにある」と語り，律法の形式主義を批判
　(2)姦淫の譬えで，律法の内面化を訴える
⑤神の愛と二つの戒め
　(1)**神の愛（アガペー）**……神によってもたらされる無差別・無償の愛
　(2)「心をつくし，精神をつくし，思いをつくして，主なる汝の**神を愛せよ**」
　　「自分を愛するように，汝の**隣人を愛せよ**」
⑥神の国と福音
　　神の国の到来などの喜ばしい報せ（**福音**）を，イエスは〈**山上の垂訓**〉で示した

3 ── キリスト教の成立と発展

①教団の成立とパウロ
　(1)**教団の成立**……イエスをメシアと信じ，その**復活**を信じる人々によって教団が設立
　　　a．**使徒**……**ペテロ**を第一の使徒として，イエスの教えを伝道した人々
　　　b．『**新約聖書**』……〈マタイ〉〈マルコ〉〈ルカ〉〈ヨハネ〉の四福音書
　(2)**パウロ**……元パリサイ派のユダヤ教徒で，キリスト教徒迫害の途中，**回心**を経験する
　　　a．**原罪**……人間は**アダム**以来の神との契約を破らざるをえないという罪のこと
　　　b．**贖罪**……神はその子イエスの死によって，人類の罪を償ってくれたという思想
　　　c．キリスト教的三元徳……**信仰・希望・愛**をギリシア的な徳とする
　(3)キリスト教公認……4世紀，ローマ帝国の国教となる→**カトリック教会**の成立
②教父哲学とスコラ哲学
　(1)**教父哲学**……異端との論争の中で教義の確立に貢献した哲学
　　└思想家：**アウグスティヌス**……主著『**神の国（神国論）**』『**告白**』
　　　　　　　├原罪を救いうるのは神の愛から出る**恩寵**以外にはないと説く
　　　　　　　└神と子と聖霊は一つの神の三つの位相という**三位一体説**を理論化
　(2)**スコラ哲学**……教会付属の学校（スコラ）で説かれたキリスト教の哲学
　　└思想家：**トマス＝アクィナス**……主著『**神学大全**』
　　　　　　　└信仰優位の上に立って科学的真理と宗教的真理の調和をはかる

4 ── イスラーム

①**ムハンマド（マホメット）**……神**アッラー**の啓示を受けた最高で最後の**預言者（ナビー）**
　　└唯一神・神の前の平等・**偶像崇拝**の禁止を説き，迫害を受ける→**メッカ**からメディナへ逃亡＝**ヒジュラ**（聖遷）→のちメッカに帰り**カーバ神殿**（聖殿）を聖地とする
②**六信**……神・天使・聖典（**クルアーン**）・預言者・来世・天命を信じること
　　五行……信仰告白・礼拝・断食（ラマダーン月に実施）・喜捨・巡礼を実践すること
③発展……ムハンマドの後継者（**カリフ**）がイスラーム法（**シャリーア**）に基づいて，イスラーム教徒（**ムスリム**）の共同体（**ウンマ**）を指導しながら発展
④二大宗派──**スンナ派**……ムハンマドの慣行（スンナ）を忠実に実践する多数派
　　　　　　└**シーア派**……ムハンマドの従弟アリーの一族を正統とする少数派

4 スピード・チェック
キリスト教・イスラームの思想

1 — ユダヤ教

① 前16C頃，ヘブライの民の一部は砂漠地方からエジプトへと入ったが，その後(1   )に率いられて脱出し，約束の地(2   )に向かったが，途中シナイ山で神(3   )から救済の約束と『(4   )』とよばれる戒めを受けた。

② その後カナーンの地に王国を築いた人々は，(5   )・ソロモン王の時に繁栄を誇ったが，一方で信仰心の希薄化を招くようにもなった。この状況に警告を発したのが(6   )とよばれる人々であり，ユダヤ教の本格的成立は，前6Cの(7   )解放後，イェルサレムに神殿を建て教義を定めて以降のことである。

③ ユダヤ教の教えについては，〈(8   )〉や〈出エジプト記〉などを中心とした聖典『(9   )』に記されている。それによれば，ヘブライ人は神から特別な使命と恩恵を受けているとする(10   )思想をもっており，世界の終わりには信仰深き者のみが救われるという(11   )についても記されている。

2 — イエスの教え

① 大工のヨゼフと(12   )との間に生まれた(13   )は，バプティスマの(14   )の洗礼を受けて(15   )としての自覚をもち伝道を開始した。

② 当時，律法の形式的な遵守を迫っていた(16   )とよばれる人々を批判し，無差別・無償の神の愛すなわち(17   )を信じるように説くとともに，全身全霊をつくして神を愛することと「自分を愛するように(18   )を愛せよ」という二つの戒めを示した。

③ 彼は，人々の心の内にかならず神の国には到来するという喜ばしき報せである(19   )について，(20   )という山の上での説教によって伝えた。

3 — キリスト教の成立と発展

① キリスト教は，イエスをメシアと信じ，その(21   )を信じる人々によって開かれたが，その中心となったのはイエスの教えを伝道する(22   )の筆頭とされた(23   )であった。

② 2世紀頃，イエスの生涯と教えを記した『(24   )』が成立したが，それは〈(25   )〉〈ルカ〉〈(26   )〉〈ヨハネ〉の四福音書を中心としている。

③ 元パリサイ派のユダヤ教徒であった(27   )は，キリスト教徒の迫害に赴く途中にイエスの声を聞いて(28   )した。彼は，その後，イエスはなぜ死ななければならなかったのかについて考えた。そして，神との契約を破らざるを得ないという人間の根源的罪である(29   )を償うために，神は自らの子を遣わし十字架上に死なせたのだという(30   )を説くにいたった。

④ ローマ帝国によるキリスト教公認以後，古代末期に異端との論争を通してカトリックの教義確立に貢献した哲学が(31   )である。その代表的思想家である(32   )は，根源的な罪から人間を救ってくれるのは，神の愛と恵みである(33   )だと語った。さらに

彼は，主著『(34)』の中で教会を神の国と地上の国とを結ぶものと位置づけるとともに，パウロが説いた信仰・(35)・愛の三つの徳をギリシア的四元徳の上位において，キリスト教道徳の基本とした。
❺ 教会の付属学校で講義された(36)とよばれる哲学は，信仰をアリストテレス哲学によって基礎づけようとした学問であった。代表的哲学者は(37)であるが，彼は当時大きな議論となっていた信仰上の真理と科学上の真理は両立するのかという問題を，その著書『(38)』の中で，信仰の優位をもって調和させた。

4 ── イスラーム

❶ 協力と平等を原則とする遊牧民アラブ人は，商業活動に進出する中で貧富の差を生みだし，矛盾を抱えるようになった。メッカの商人であった(39)は，神(40)の啓示を受けて，この矛盾の解決に乗り出すことになった。
❷ イスラム教は，唯一神への絶対的な帰依と神の前の平等を原則とし，信者である(41)は生活のあらゆる場面において聖典『(42)』の遵守と，聖典とムハンマドの言行録をもとに作られた(43)すなわちイスラム法に従った生活を送ることを義務づけている。
❸ イスラム教は唯一の神を信仰し(44)の禁止を唱えたため，多神教で神々の像を刻んで拝んでいた旧勢力には，その教えは受け入れられなかった。そのため，ムハンマドは旧勢力の迫害に遭い，メッカから(45)への亡命を余儀なくされた。この出来事は(46)あるいは聖遷といわれ，この年622年がイスラム暦元年とされている。
❹ イスラム教は厳しい戒律をもっているが，中でも(47)とよばれる六つの信仰と，(48)とよばれる五つの実践が中心となっている。まず前者では神・天使・聖典・預言者・(49)・来世への信仰，後者では「アッラーのほかに神なし」という言葉で始まる(50)，一日五回メッカに向かって行われる(51)，イスラム暦ラマダーン月に行われる(52)，そして貧者のための宗教税である(53)とメッカの(54)神殿(聖殿)への(55)といった実践である。
❺ ムハンマドの死後，信者たちの共同体である(56)は，(57)とよばれる指導者によって導かれることになった。

5 インドの思想

1 ── 仏教以前の思想
①バラモン教の成立
　前24C頃：インダス流域に農耕文明（インダス文明）
　前15C頃：アーリア人の侵入 ⇨ 征服過程でカースト制度を生み出していく
　前12C頃：自然崇拝を基礎に**バラモン教**が成立 ⇨ 聖典『**リグ＝ヴェーダ**』
②ウパニシャッド哲学
　(1)バラモン教の形式化 ⇨ 教団内部からの批判 ⇨ **ウパニシャッド哲学**の成立
　　　　　　　　　　　　　　　　　　　　　　　　⇩
　　非主流思想の登場……**ジャイナ教**（開祖：**ヴァルダマーナ**）・仏教など
　(2)**輪廻転生**……前世の行為（**業・カルマ**）によって，霊魂が三世にわたって姿を変えつ
　　　　　　　　　つ生き続けること ⇨ 苦しみそのもの
　　解脱……祭式や祈禱によらず，瞑想と苦行によって苦しみからの脱却をはかる
　　　┌ 宇宙の本質＝**ブラフマン**（**梵**）┐
　　　│　　　　　　　　　　　　　　　　├ が一つであること（**梵我一如**）を悟ると
　　　└ 個人の本質＝**アートマン**（**我**）┘　き解脱できる

2 ── 仏教
①**ガウタマ＝シッダールタ**（前5C〜前4C）
　シャカ族の王子として誕生→**四門出遊**の逸話→出家→苦行の時代→瞑想（**ヨーガ**）によって悟り，**仏陀（覚者）**となる→初の説法（**初転法輪**）→80歳で入滅
②思想
　(1)**四法印**
　　a．**一切皆苦**……この世のすべての現象は苦と感じられる
　　b．**諸行無常**……この世のすべての現象は一瞬の停滞もなく変化していく
　　c．**諸法無我**……この世のすべての事物には，永遠不滅の実体はない
　　d．**涅槃寂静**……苦悩の吹き消えた，自由で心静かな平安の境地がある
　(2)**四諦**……四つの聖なる真理で，仏陀の教えを具体的実践にそって述べたもの
　　a．**苦諦**……人生は苦しみにほかならないという真理
　　　四苦：**生・老・病・死**
　　　八苦：**愛別離苦**→愛するものと別れる苦しみ
　　　　　　怨憎会苦→憎いものと出会う苦しみ
　　　　　　求不得苦→欲しいものが得られない苦しみ

　　　　　　　五蘊盛苦→心身を構成する要素(五蘊)から生じる苦しみ
　　b. **集諦**……苦しみの原因は，事物への**執着**あるいは**渇愛**による**煩悩**の集まりにほ
　　　　　　かならないという真理
　　　　　　　　　　　　　　　　　　↓
　　　　　　　　　　　三毒：**貪**(貪欲)・**瞋**(怒り)・**癡**(愚かさ)が代表的煩悩
　　c. **滅諦**……煩悩を断つことによって，悩みや苦しみのない**涅槃(ニルヴァーナ)**の
　　　　　　境地に至ることができるという真理
　　　　　　　└この世の真理＝**法(ダルマ)**に対する無知(**無明**)を除くことが必要
　　　　　　　　　　　　　　　　　　∥
　　　　　　　縁起の法……この世のすべては相互に依存し合いながら変化している
　　d. **道諦**……涅槃に至るには正しい修行の方法があるという真理
　　　　　　　　　　　　　　　　　∥
　　　　　　　八正道……正見・正思・正語・正業・正命・正精進・正念・正定
　　　　　　　　└根底に快楽主義にも苦行主義にも偏らない**中道**がある
　(3)**慈悲**……生きとし生けるもの(**一切衆生**)のために，楽しみを与える**慈(マイトリー)**
　　　　　と苦しみを除く**悲(カルナー)**とを，仏陀は**利他行**として重視した
　(4)**五戒**……在家信者のための戒めで，**不殺生戒**(生き物を殺さない)・**不偸盗戒**(他人の
　　　　　ものを盗まない)・**不邪淫戒**(淫らなことをしない)・**不妄語戒**(嘘をつかな
　　　　　い)・**不飲酒戒**(酒を飲まない)

3 —— 仏教の発展

①教団の分裂
　(1)**上座部**……仏陀の定めた戒律を厳格に守る保守派⇨後の小乗仏教
　　大衆部……戒律以上に仏陀の精神を受け継ぐ進歩派⇨後の大乗仏教
　(2)**上座部仏教**……個人的悟りを特徴とする⇨**阿羅漢**を理想像とする
　　大乗仏教……自己の悟りとともに他者の救いも目指す
　　　└**菩薩**(自己の悟りを後にしてでも他者の救済を願う修行者)を理想像とする
②大乗仏教の発展
　(1)思想的特徴
　　a. **一切衆生悉有仏性**……生あるものはすべて仏になる可能性(**仏性**)をもつ
　　b. **利他行**の実践……他者の救済(慈悲)を重んじる
　(2)代表的思想家
　　a. **竜樹(ナーガールジュナ　2C頃)**……大乗仏教理論の大成者　主著『**中論**』
　　　└すべての存在は実体をもたず，他のものに条件づけられている＝**無自性**
　　　　　└それゆえすべての事物は，無自性であるがゆえに〈**空**〉である
　　b. **無着(アサンガ　4C頃)と世親(ヴァスバンドゥ　4C頃)**
　　　└一切の事物は存在せず，ただ人間の意識に現れているだけであり，世界は意
　　　　識が作り出したものだという**唯識**思想を展開し，〈空〉の考えをさらに徹底
　　　　した

スピード・チェック 5 インドの思想

1 ── 仏教以前の思想

❶ 中央アジアから移動してきた(1   )は，先住農耕民のインダス文明を破壊し，独自の文化を生み出していったが，その過程で生まれたのが(2   )とよばれる身分・階級制度であった。

❷ 侵入してきた遊牧民は，豊かな自然を神格化して(3   )とよばれる自然宗教を生み出したが，その神々への賛歌として『(4   )』がまとめられ，それはこの宗教の聖典とされるとともに，インド最古の文献ともなった。

❸ しかし，(5   )階級によって独占された祭儀は形式化し，内部から批判を受けるようになり，そこから(6   )哲学が生まれ出た。

❹ 前世の行為すなわち(7   )によって，霊魂が現世や来世に姿を変えながら苦しみの世を生き続けるという(8   )の思想は，人々に苦しみからの脱却すなわち(9   )を願う心をもたらした。

❺ こうした願いに対しウパニシャッド哲学は，宇宙の本質である(10   )と個人の本質である(11   )が本来一つであるということを悟るならば，輪廻(りんね)の苦しみから脱却できると教えた。

❻ このバラモン教内部の批判を契機として，自由な思想が次々に生まれ出たが，その中には(12   )を開いたヴァルダマーナや仏教を開いた(13   )がいた。

2 ── 仏教

❶ シャカ族の王子として生まれたガウタマであったが，(14   )の逸話にもあるように人生の苦しみに敏感であった。そのため29歳のとき出家を決意し，山林での苦行生活に入ったが悟りを得られなかった彼は，(15   )といわれる坐禅瞑想によって悟りを開き覚者すなわち(16   )となった。

❷ 仏教思想の特徴は，(17   )とよばれる四つの命題に集約される。すべては苦しみに満ちているという(18   )，すべての事象は止まることなく変化しているという(19   )，すべての事物には永遠の実体はないという(20   )，および苦しみのない心安らかな境地があるという(21   )の四つである。

❸ 仏陀は自らが悟った真理を(22   )という四つの真理として，かつての修行仲間に初めて説いた。これを(23   )という。それは人生は苦しみにほかならないという(24   )，苦しみの原因は執着などの(25   )の集まりにほかならないという(26   )，そしてその執着や渇愛などを断つことで苦しみのない境地に至ることができるという(27   )，およびその境地に入るには方法があるという(28   )の四つの真理である。

❹ 苦しみには(29   )の四苦と，愛する者と別れる(30   )，憎み嫌う者と出会う(31   )，欲しいものが手に入らない(32   )および五蘊盛苦(ごうんじょうく)の八苦がある。

❺ また，苦しみの原因である煩悩には，貪(とん)(貪欲)，瞋(じん)(怒り)，癡(ち)(無知)の(33   )がある。

❻ 真理は(34)といわれ，漢字では〈法〉と書く。仏陀の悟った根本的な法は(35)の法といわれ，この世のすべては相互に依存しつつ存在しているという真理である。この真理に対する無知をとくに(36)という。
❼ この無知を除くためには，快楽主義にも苦行主義にも陥らない(37)を歩まねばならないが，その修行法が(38)といわれる道であり，正しい認識である(39)や正しい思考である正思など八つの方法がある。
❽ すべてのものが相互依存の中で生きているのだから，生きとし生けるものすなわち(40)に楽しみを与える(41)(マイトリー)と彼らから苦しみを除く(42)(カルナー)を実践せよと，仏陀は語る。

3 ── 仏教の発展

❶ 仏陀の死後，教団は仏陀の定めた戒律を厳格に守ろうとする(43)という保守派と，戒律以上にその精神を継承しようとする進歩派の(44)に分裂した。
❷ 保守派の流れを汲む(45)は，出家者による厳しい修行と個人的悟りを目的とするとともに，仏陀を一般衆生には至り得ない存在とみなして神格化し，それに限りなく近い人物像として(46)を理想とした。
❸ (47)は分裂期の進歩派の流れを汲む一派であるが，その特性は在家信者を認めるとともに，他者のためにつくす(48)あるいは慈悲に力点をおき，自己の悟りとともに慈悲の実践を目指す(49)を理想的人間像と考えている。
❹ 大乗仏教では在家信者にも(50)という戒律がある。それは(51)戒をはじめとして，不偸盗戒・不邪淫戒・不妄語戒・(52)戒の五つがあり，最後の戒め以外はユダヤ教の『十戒』にも通じる戒めである。
❺ 大乗仏教の大成者といわれる(53)は，その著書『中論』の中で仏陀の縁起の法を深化させ，すべての存在は独自の本性をもたない(54)であり，それゆえに(55)であるとする理論を構築した。
❻ 縁起の法および〈空〉の理論をさらに徹底し，一切の事物は存在せず，ただ人間の意識だけがそれを存在させているに過ぎないという(56)思想を展開したのは，(57)と世親の兄弟であった。

6 中国の思想

1 ── 古代中国の思想と諸子百家

①古代中国の思想
└万物を創造し支配する〈**天**〉の意志である〈**天命**〉を受けて有徳な天子が統治を行うと考えていた→天と人間の本性に相関を認める＝天人相関

②**諸子百家**……春秋戦国の混乱期に，新しい秩序原理を求める人々が登場
 (1)**儒家**：孔子を祖とし，仁と礼を中心とした徳による政治を説く
 (2)**墨家**：墨子を祖とし，平等な愛による助け合いと侵略戦争反対の思想を説く
 (3)**法家**：**韓非子**たちを中心として，**法治主義**により秦の中国統一に貢献
 (4)**陰陽家**：**鄒衍**が陰陽の変化と五行(木火土金水)で世界を説明＝**陰陽五行説**
 (5)その他：**孫子**たちの**兵家**(戦術)・**許行**たちの**農家**(農業技術)・**公孫竜**たちの**名家**(弁論術)・**蘇秦**たちの**縦横家**(外交術)

2 ── 儒家の思想

①**孔子**の思想……**儒教**の祖→『**論語**』にその言行が記されている
 (1)学と知
  a．学習の目的は人間としての正しい生き方＝〈**道**〉を求めること
  b．知とは天命を知り，人間を知ること⇨**君子**(道の体現者)の条件
 (2)仁と礼
  a．**孝**(親に対する愛情)と**悌**(兄や年長者に対する愛情)が〈**仁**〉の基礎
   「孝悌はそれ仁を為すの本なるか」
  b．**忠**(自分に忠実なこと)と**恕**(他人への思いやり)と信(他者への誠実さ)が孔子の
    生き方   └「己の欲せざるところは人に施すなかれ」
  c．**礼**：仁が外面化したもの→「人にして仁ならずんば礼を如何せん」
           「己に克ちて礼に復るを仁となす」
 (3)**徳治主義**……仁に基づく理想的な統治形態
  └自らが有徳な者となってこそ民衆を治められる＝**修己治人**

②孟子の思想
 (1)**性善説**……人間は ┬ 善を直観する**良知** ┐ を生まれつきもっている
           └ 善を実践する**良能** ┘
 (2)**四端説** ┬ **惻隠の心**(人の不幸を見逃せない心)………仁の端緒
       ├ **羞悪の心**(自らの不正を羞じる心)…………義の端緒
       ├ **辞譲の心**(他人を立てて譲る心)……………礼の端緒
       └ **是非の心**(善悪や正・不正を見分ける心)…智の端緒

(3) **王道政治**……仁義に基づく政治→天命にかなう ─┐ **易姓革命思想**：悪政は天命に
　　　　　　　　　　　　　　　　　　　　　　　　　　│　より改まって，権力は有徳の
　　　覇道政治……私欲と力による政治→天命に背く ─┘　人物に移る
　(4) **仁義**：他人を思いやる仁と社会における正しい道理である義を重んじる
　(5) **五倫**：父子の**親**・君臣の**義**・夫婦の**別**・長幼の**序**・朋友の**信**
　　　五常：仁・義・礼・智の**四徳**に信を加えた徳目
③ **荀子**の思想
　(1) **性悪説**……人間の本性は悪であり，教育・矯正によって善になる
　(2) **礼治主義**……礼により悪を矯正・規制する思想→法家の法治主義に影響
④ 朱子と王陽明
　(1) **朱子**(朱熹)……宋時代の人で，**朱子学**の祖
　　 a. **理気二元論**：世界は**理**(万物の根源・理法)と**気**(事物の素材・要素)で成立
　　 b. **性即理**：人間の心の本性は，自然の〈理〉によって貫かれている
　　 c. **格物致知**：個々の事物の理を究めていけば，知恵を完成させることができる
　　　└─そのためには，欲望や感情を抑えて理を窮める〈**居敬・窮理**〉の姿勢が必要
　(2) **王陽明**(王守仁)……明時代の人で，**陽明学**の祖
　　 a. **心即理**：人間の心は生まれつき〈理〉が備わっている→朱子学の性即理を批判
　　 b. **致良知**：人間が本来もつ良知を発揮すれば，善を実現することができる
　　 c. **知行合一**：認識と実践は心の両面であり，同じ作用である

3 ── 墨家の思想

① **墨家**……墨子を祖とする学派→儒家の肉親を中心とした愛を**別愛**として批判
② 学説……自他の区別のない**兼愛**を説き，相互に利益をはかり合う**交利**を勧めるととも
　　　　　に侵略戦争を非難する**非攻説**を展開した

4 ── 道家の思想

① **老子**の思想
　(1) 〈**道**(タオ)〉……万物がそこから生まれそこへと帰っていく根源→〈**一**〉〈**無**〉〈**大**〉ともいう
　(2) **無為自然**……作為がなく万物をありのままに育てる道のあり方
　　　└─人為を偽りとして排斥→「**大道廃れて仁義あり，慧知出でて大偽あり**」
　(3) **柔弱謙下**……柔らかくしなやかで謙虚な生き方は，道に従った生き方である
　　　└─水のような生き方が望ましい→「**上善は水の若し**」
　(4) **小国寡民**……無為自然を基本として，必要最小限のものと人とで成り立つ共同体
② **荘子**の思想
　(1) **万物斉同**……人間界は相対と差別の世界→自然界は対立と差別を超えた一つの世界
　　　└─**胡蝶の夢**：夢の中で蝶になった荘子は，蝶と自分の区別がつかなかった
　(2) **真人**(至人)……虚心に天地と一体になった**逍遙遊**の境地にある人
　　　└─それには，心を虚ろにし，自己の体を忘れる修行法(**心斎坐忘**)が必要
③ **道教**……老荘思想を基礎に，民間信仰を取り入れて成立した民衆の宗教

6 中国の思想

スピード・チェック

1 —— 古代中国の思想と諸子百家

❶ 周の時代には，万物の創造者である(1   )の意志である(2   )を受けた天子が政治を行う礼教政治が行われていたが，周が衰退するにつれて新しい社会秩序の原理を求めて(3   )とよばれる人々が活躍するようになった。

❷ その中には，秦の政治に貢献した(4   )に代表される法家や，陰陽五行を説いた鄒衍らの(5   )，また弁論術を駆使した(6   )らの名家やさらには蘇秦たちが外交術を競った(7   )などがある。

2 —— 儒家の思想

❶ 儒教は周の礼教政治を理想とする(8   )によって説かれた道徳・政治思想で，その思想は彼の言行録である『(9   )』に記されている。とくに有徳者による政治は(10   )といわれ，以後の中国の政治に多大な影響を与えた。

❷ (11   )とは，孔子がそれが分かれば死んでもいいとさえ語った，人間としての正しい生き方のことである。そして，この生き方を身をもって実践できる人が(12   )であり聖人である。

❸ 儒教思想の中核である(13   )は，親に対する愛情である(14   )と兄や年長者に対する愛情である(15   )を基本としている。そして，この肉親への愛情を他者に押し広げるには，自己に忠実である(16   )と他者への思いやりである(17   )および他者への誠実さである(18   )が大切である。(19   )とは，こうした心からの愛情が言動となって外に現れたものにほかならない。

❹ (20   )は，人間には善を直観できる(21   )と善を実践できる良能とが，生まれつき備わっているという(22   )を説いた。それは(23   )という徳の端緒に関する説として展開された。すなわち，人の不幸を見逃せない(24   )の心は仁の端であり，自らの不正を恥じる羞悪の心は(25   )の端で，他人を立てようとする(26   )の心は礼の端，さらに善悪や正・不正を見分ける是非の心は(27   )の端だという思想である。

❺ 人を思いやる心と社会的道義を守る心である(28   )を重んじた孟子は，政治には惻隠の情に基づく(29   )と私利私欲に基づく(30   )とがあるという。そして彼は，民を苦しめる後者の政治からは天命が去り，有徳の士に取って代わられるという(31   )思想を説いた。

❻ (32   )とは父子の親・君臣の義・夫婦の別・長幼の序・朋友の信をいう。また，孟子の仁・義・礼・智の四徳に信を加えて(33   )という。

❼ (34   )は，人間の本性は悪であり，人間の善行は教育や矯正によるものだという(35   )を唱えた。そして，矯正のための基準として礼を重視したが，これが韓非子などの法家の思想に影響を与えることになった。

❽ 宋代の(36   )は，世界は万物を貫く理法である(37   )と事物の素材・要素である

(38)から成立すると考えた。そして，人間の心の本性も理に貫かれているという(39)の考えから，事物に即して知を完成させる(40)のためには，欲望を抑えて理を窮める(41)という姿勢が必要であると説いた。
❾ 明代の儒学者(42)は，人間の心は知も情も含んで理そのものであるという(43)を唱えるとともに，人間の認識能力の先天性を確信し，良知を発揮すればかならず善を実践できるとする(44)を説いた。

3——墨家の思想

❶ 戦国時代の思想家(45)は，儒家の肉親中心の愛情を別愛だと批判し，広く人々を愛する(46)を唱え，その具体的あり方として(47)を説いた。
❷ 共に愛し合い，利益を分かち合う相互扶助的な共同生活を壊す侵略戦争に反対した墨子は，(48)説を唱えた。

4——道家の思想

❶ (49)は「大道廃れて仁義あり」と語って，儒家の人為的な道徳を批判した。彼によれば，(50)とは万物がそこから生まれそこへと帰っていく根源であり，(51)という作為のないあるがままのあり方を特質としている。
❷ この作為のないあり方は，「上善は(52)の若し」といわれるように，柔らかくしなやかで謙虚な生き方である(53)という姿勢を生みだし，どのような状況にも適応でき，決して争うことのない生き方となる。
❸ このような思想がもとめる国家とは，人為を排し，必要最小限の人とものとで成り立つ共同体で(54)とよばれ，のちに桃源郷のモデルとなった。
❹ 老子の影響を受けた(55)は，人間の世界は対立や差別に基づく相対的な世界であるが，自然の世界は対立や差別を超えて一つのものとして存在すると考えた。この思想は(56)あるいは斉物論という。
❺〈胡蝶の夢〉に見られるように，相対と対立を超えて虚心に天地自然と一体化した境地に遊ぶ(57)は，道に即した生き方の典型であり，この境地に至った人は(58)あるいは至人とよばれ，のちに仙人思想を生み出す源となった。
❻ 相対と対立の世界を超えて，すべてが一つになる絶対の境地に至るには，(59)といわれる心身を清らかにし，天地自然と一体となるための修行を積まなければならない。
❼ 儒教・仏教と並ぶ中国三教の一つ(60)は，この道家の思想に民間信仰や仏教などを取り入れて，北魏の時代に成立した民衆の信仰である。

7　日本の文化と仏教の伝来

1 ── 日本の風土と社会
①風土論
　(1)**風土**：気候・地形・植生などが人間に与える影響からとらえた自然環境のことをいう
　(2)**和辻哲郎**の『**風土**』
　　a．**砂漠型風土**：西アジアやアフリカ内部の風土。放牧生活を基礎に強力な団結力と戦闘的な生活を特質とする文化をもつ⇨宗教的には一神教が中心
　　b．**牧場型風土**：ヨーロッパの風土。夏の乾燥と冬の温暖湿潤の中で、牧畜と農業の混合文化が特徴⇨論理的思考や科学を生む
　　c．**モンスーン型風土**：東・東南アジアの風土。季節風による恵みと台風や梅雨などの気まぐれな自然の中で忍耐強い文化を生む⇨汎神論的自然宗教が中心
②日本の風土と生活
　(1)風土：豊かな自然と四季に恵まれる→大らかな生命観と豊かな感性を育てる
　　　└─日本では自然のことを〈花鳥風月〉や〈雪月花〉とよんできた
　(2)共同体の倫理
　　a．**ウチ**と**ソト**を明確にし、共同体との一体化を求める〈和〉を重んじ、神を敬い私心のない純粋な心情である〈清明心〉が尊ばれた
　　b．共同体に災いをもたらすもの（災害や病気など）は、すべて**穢れ**や**罪**とよばれ、排除されるものと考えられた
　　c．**祓い**：罪の代償を差し出したり、幣や形代に託して罪を除いた
　　　　禊：水によって穢れや罪を洗い流した
　　d．生活：農業を中心に生活が営まれ、ケとよばれる普段の生活の合間に、ハレとよばれる特別な日を配して農事を休んで気力を回復した

2 ── 古代日本の思想
①庶民の神信仰
　(1)自然宗教：山川草木などのすべてに霊が宿るという**アニミズム**の思想をもつ
　　　└─霊が人間や動物となって現われるとき神とよばれる＝**八百万神**
　(2)**祖先崇拝**：死者は一定期間祀られたのち、山に入って**祖霊**となり、節目ごとに村の平安と豊穣のために、年神や田の神となって降りてくる
　(3)祟り神と恵む神：外界から訪れる神は**祟り神**であるが、**祭祀**によって恵む神になる→**折口信夫**はこの神を〈**マレビト**〉とよび、**常世国**から来訪するという
②記紀神話の神……『**古事記**』『**日本書紀**』の〈神代記〉による

(1)国産み神話：**伊邪那岐命**と**伊邪那美命**により国土と神々が誕生
(2)三世界
 a．**高天原**：豊穣と平安を祈願する**天照大神**を主神とする神々の住む世界
 b．**葦原中国**：伊邪那岐命と伊邪那美命によって創られた人間の世界
 c．**黄泉国**：神々も人間も死んだものが赴く世界

3 ── 日本の伝統文化

①日本文化の特性
(1)**基層文化**：**照葉樹林帯**とナラ樹林帯を生活の基礎とする農耕文化
 重層性：基層文化の上に大陸文化や欧米の文化が重層的に重なっている
(2)**雑種文化**：日本文化はさまざまな文化を吸収・変容しながら形成→加藤周一の説
②儒教・仏教伝来以降の日本文化
(1)**無常観**の文学……仏教の無常の教えに基づいて独自の美意識や人生観を形成
 a．**西行**(12C)：世の無常を感じて出家し，全国を遍歴して歌を詠む。『**山家集**』
 b．**鴨長明**(12～13C)：時代の混乱の中で無常を感じて隠遁し，その境地を随筆『**方丈記**』に記した
 c．**吉田兼好**(13～14C)：動乱の中で神官職を捨てて出家し，無常観に貫かれた鋭い観察眼で人間と社会を見つめ，『**徒然草**』を残した南北朝の人
(2)禅文化と芸能・芸道
 a．**能**：田楽や猿楽をもとにした舞台芸能→禅の境地である〈**幽玄**〉を余情・余韻として捉えて能の本質とした**世阿弥**によって大成される→『**風姿花伝**』(『花伝書』)
 b．**茶道**：栄西がもち帰った茶は，**千利休**によって閑寂の趣を重んじる〈**わび**〉を美意識とする芸道として日本独自の文化となった
 c．**水墨画**：墨の濃淡で風景を描き，禅の精神を表した→**雪舟**
 d．**枯山水**：白砂と石組とで山水の風景を表現→**龍安寺の石庭**
 e．**俳諧**：松尾芭蕉は〈わび〉に加え〈**さび**〉を句の心として俳諧を大成した

4 ── 仏教の伝来

①**聖徳太子**(厩戸王)(6～7C)……蕃神を祀る仏教や儒教を国家統治の原理として採用
(1)『**十七条憲法**』
 a．〈**和**〉の尊重→「和をもって貴しとなす，忤ふることなきを宗とせよ」
 b．〈**凡夫**〉の自覚：仏の前では誰もが煩悩を抱えた人間であるという自覚を促す→「我必ずしも聖に非ず，彼必ずしも愚にあらず，**共にこれ凡夫なるのみ**」
 c．仏教への帰依→凡夫の自覚は仏教への帰依による→「篤く**三宝**を敬え，三宝とは**仏・法・僧**なり」
(2)仏教理解の深化
 a．『**三経義疏**』の執筆：『**法華経**』『**勝鬘経**』『**維摩経**』の大乗経典に注釈を加えたといわれている
 b．現世利益的な仏教から離れる→「**世間虚仮　唯仏是真**」という境地に立つ

スピード・チェック

7 日本の文化と仏教の伝来

1 —— 日本の風土と社会

(1) 風土論

❶ 日本の哲学者(1　)は，気候や地質や地形が人間や文化にどのような影響を与えるかについて，その著書『(2　)』で論じている。

❷ 彼によれば，西アジアや内陸部は(3　)風土とよばれ，放牧生活を中心に強固な団結力と一神教をもつ。また，ヨーロッパは(4　)風土とよばれ，農牧業を生業としつつ，論理的思考から哲学や科学を生み出した。

❸ 日本は(5　)風土の特質をもち，季節風の恵みとともに台風や梅雨のような気まぐれな自然の中で，忍耐強い性格と豊かな感性を育んできた。

(2) 日本の風土と生活

❶ 古代日本では自然を〈(6　)〉や〈雪月花〉とよび，自然と一体化した生活を営んでいたが，ムラ社会ではウチとソトを峻別し，共同体の一致を求める(7　)を重んじ，神を敬い私心のない純真な心情である(8　)を尊んだ。

❷ ムラに災いをもたらすものは罪とか(9　)とかよばれたが，(10　)や禊によって浄化できるものと考えられていた。

2 —— 古代日本の思想

(1) 庶民の神信仰

❶ 古代の日本人は，自然の中には霊が宿っているという(11　)の思想をもっていたが，それらが人や動物となって現われたとき神とよんだ。それゆえ，日本の神は数多く存在し，人々はそれらを総称して(12　)とよんでいた。

❷ ムラ社会では，死者は一定期間祀られたのち，山に入って(13　)となり，時に応じて年神や田の神となって降りてくるという(14　)の信仰をもっていた。

❸ ムラの外から来訪する〈何ものか〉は，ムラに災いをもたらす(15　)であるが，祭祀によって恵む神になる。民俗学者(16　)は，この神を〈(17　)〉とよび，常世国から来訪すると語っている。

(2) 記紀神話の神

❶ 日本人の神信仰や死生観は，日本最古の歴史書である『(18　)』や『日本書紀』にも記されている。

❷ 記紀神話の神代記には，神々の住む(19　)の中心の神は(20　)であり，この神は〈祀る神〉として豊穣と平安を神々に祈願しているとされている。

❸ 人間の住む(21　)は(22　)と伊邪那美命によって生み出された世界であり，神も人間も死後は(23　)へと赴くと考えられていた。

3 ── 日本の伝統文化

(1) 日本文化の特性
❶ 日本列島は常緑広葉樹林である(24　)帯とナラ樹林帯の中にあり、木の実と米麦と魚を基礎とした固有の文化をもっていた。
❷ 古くは大陸からの文化を、近年では欧米の文化を自らの基層文化の上に積み重ねてきた日本文化は(25　)という特性をもっている。さらに加藤周一は、日本文化はさまざまな文化が混ざり合った(26　)だと語っている。

(2) 儒教・仏教伝来以降の日本文化
❶ 全国を行脚して歌を詠った平安末期の歌人(27　)も、権力渦巻く社会を捨てて隠棲を決意し、その境地を『方丈記』に綴った(28　)も、ともに世の中に(29　)を感じていたのである。
❷ 鎌倉末期の随筆家(30　)は、鋭い観察力で人間と社会を見つめ、無常なればこそ人生も自然も美しいと『徒然草』に綴っている。
❸ (31　)の大成者である(32　)は、その著書『風姿花伝』(『花伝書』)において、「秘すれば花」と語り、禅の境地でもある(33　)を芸能の美意識と捉えた。
❹ (34　)は閑寂さを示す茶道の心で、(35　)によって示された境地であるが、(36　)によって俳諧の本質の一つとされたある種の欠如感である(37　)も、ともに禅の精神を示している。
❺ 墨の濃淡で景色を描く水墨画は(38　)によって大成されたが、それは白砂と石組で造られた(39　)とともに、禅の精神を表そうとした芸術である。

4 ── 仏教の伝来

❶ 当時、蕃神といわれていた仏を祀る仏教を、天皇制国家建設の統治原理として採用した(40　)は、その精神を『(41　)』として示した。
❷ 彼は豪族間の抗争を収めるべく、古代の(42　)の精神の大切さを憲法の第一条に示し、仏の前では誰もが煩悩に苦しむ(43　)に過ぎないと教えている。
❸ この自覚をもたせるため、仏陀と仏陀の教えである法とその教えに従って修行を続ける僧侶の〈(44　)〉を敬えというのである。
❹ 聖徳太子は、人々に仏教を理解させるために、『(45　)』『勝鬘経』『維摩経』の注釈書である『(46　)』を著したといわれている。
❺ しかし、晩年の彼は仏教を国家統治に利用するという現世利益的な立場を離れ、「(47　)」という境地に立ったとされている。

8 日本仏教の発展

1 ── 奈良・平安仏教

①奈良仏教
　(1)**国家仏教**：**聖武天皇**は**東大寺の大仏**を建立し，全国に国分寺・国分尼寺を建てて，仏教を**鎮護国家**の中心に据えた ── **行基**も民衆とともに参加
　　└中心は**南都六宗**で，**加持祈禱**によって**現世利益**を祈願した
　　　　　　律宗・三論宗・成実宗・法相宗・倶舎宗・華厳宗
　　└東大寺に具足戒の**戒壇**をおいた**鑑真**がもたらした
　(2)**神仏習合**：奈良時代末頃より，仏教と在来の神信仰との融合が推し進められた
　　└**本地垂迹説**：仏が真理の主体(本地)であり，神は教化のための仮の姿だとする

②平安仏教……国家仏教・山岳仏教・貴族仏教などの特徴をもつ
　(1)**最澄**(伝教大師　8〜9C)……唐から**天台宗**をもち帰り，**比叡山**に**延暦寺**を建てる。
　　a．**大乗菩薩戒**：東大寺の具足戒に代わる戒壇の設立を願う→『**山家学生式**』で学僧の教育方針を示し，『**顕戒論**』で大乗戒壇の必要を説く
　　b．**一乗思想**(法華一乗)：すべての生き物は仏性をもち(**一切衆生悉有仏性**)，悟りという一つの乗り物に乗れるという思想
　(2)**空海**(弘法大師　8〜9C)……四国での修行時代に儒・仏・道の三教の優劣を論じた『**三教指帰**』を著す→唐に渡って密教を学び，帰国後，**高野山**に**金剛峯寺**を建てて**真言宗**を開く→『**十住心論**』に思想の核心が書かれている
　　a．**密教**：一般の仏教(**顕教**)に対して**宇宙の真理(法)** そのものである**大日如来**の秘密の教えをいう
　　　　　　　　　　　　　　　↓
　　　　　大日如来の周りに諸仏・諸神を配した図絵を**曼荼羅**という
　　b．**三密**：世界は大日如来の**身**(身体)・**口**(言葉)・**意**(心)の三密から成る
　　c．**即身成仏**：手に印契を結び，口に**真言(マントラ)** を唱え，心に仏を念じる三密の行をするなら，その身のままで大日如来と一体化できる

③平安後期の仏教思想
　(1)**末法思想**の流行：戦乱や飢饉などの不安から生まれた，仏の救済を否定する思想
　　a．**正法**：仏陀の教え(教)も教えに従った修行(行)も悟り(証)もある時代
　　b．**像法**：教と行はあるが，証のない時代
　　c．**末法**：教はあるが，行も証もなく，仏法による救いのない時代
　(2)**浄土信仰**の流行：末法思想の影響を受けて，**阿弥陀仏**の住む**西方極楽浄土**への往生を

念仏によって願う信仰が流行する
　　　┌観想念仏：仏の姿や極楽を思い浮かべる
　　　└称名念仏：「南無阿弥陀仏」という名号を称える
　a．空也(10C)……〈阿弥陀聖〉あるいは〈市聖〉とよばれ，全国を遊行して念仏による救済を説き，社会事業も行う
　b．源信(10〜11C)……『往生要集』によって地獄の恐ろしさを説き，極楽への往生を願う心をうながす→「厭離穢土　欣求浄土」

2 ── 鎌倉仏教

①浄土系仏教
　(1)法然(12〜13C)……比叡山で天台教学を学ぶが安心を得られず，中国の善導の教えに従って開眼し，浄土宗を開く　著作『選択本願念仏集』『一枚起請文』
　　a．弥陀の本願：自力による悟りを捨てて，阿弥陀仏の本願にすがる他力を説く
　　b．専修念仏：〈南無阿弥陀仏〉と阿弥陀仏の名を称える称名念仏だけで往生できる
　(2)親鸞(12〜13C)……法然に師事し，他力信仰の徹底をはかり，浄土真宗を開く
　　　　　著作『教行信証』　弟子唯円は『歎異抄』を記す
　　a．絶対他力：念仏さえも阿弥陀仏にさせてもらっており，念仏は行ではなく報恩感謝の念仏である→すべては弥陀のはからいである＝〈自然法爾〉
　　b．悪人正機説：阿弥陀仏の救済の対象は，自力作善の善人ではなく，自力作善できない悪人である→「善人なほもて往生をとぐ，いはんや悪人をや」
　(3)一遍(13C)……〈捨聖〉とよばれ，すべてを捨てて全国を行脚して念仏を説く
　　時宗：平生を〈往生の時〉と説く→信者らは念仏を唱えながら踊った(踊念仏)

②禅宗系仏教
　(1)栄西(12〜13C)：中国より禅宗をもち帰り，臨済宗を開く　著作『興禅護国論』
　(2)道元(13C)：比叡山で学んだ後に入宋して如浄に学び，帰国後は末法を否定し，自力による悟りを求めて曹洞宗を開く　著作『正法眼蔵』
　　a．只管打坐：ただひたすら仏陀の正法である坐禅を行うこと
　　b．身心脱落：禅定によって身体も心も一切の執着から解き放たれるということ
　　c．修証一等：坐禅(修)は手段ではなく，そのまま悟り(証)であるという教え

③日蓮宗
　(1)日蓮(13C)：比叡山などで学び，日蓮宗(法華宗)を開く→著作『立正安国論』『開目抄』
　　a．法華至上主義：『法華経』こそ仏陀の真実の言葉が記されているとする
　　b．久遠実成の仏：永遠の昔に悟りを開き，今も教えを説き続けている仏
　　c．唱題：「南無妙法蓮華経」という題目を唱えることで成仏できる
　　d．法華経の行者：自らを法華経を広め，国難を救うものと自任していた
　　e．四箇格言：念仏無間(念仏宗は無間地獄に堕ちる)─┐
　　　　　　　　　禅天魔(禅宗は悪魔の教えである)　　　├と他宗を激しく攻撃した
　　　　　　　　　真言亡国(真言宗は国を滅ぼす)　　　　│
　　　　　　　　　律国賊(律宗は国の敵である)─────┘

スピード・チェック 8

日本仏教の発展

1── 奈良・平安仏教

(1) 奈良仏教

❶ 仏教を国家安泰を祈願する(1　　)の中心に据えた(2　　)は，全国に国分寺をおいてその要として東大寺を建てて，そこに大仏を建立した。この国家事業には，民衆を引きつれて(3　　)も参加した。

❷ 奈良仏教は，東大寺に戒壇を開いた(4　　)によって開かれた律宗や法相宗などの(5　　)を中心として，加持祈禱などによる(6　　)の祈願が行われた。

❸ 奈良時代末には，仏教と神道との融合である(7　　)が行われはじめたが，仏が真理の源で神はその仮の姿だとする(8　　)が代表的な思想である。

(2) 平安仏教

❶ 唐に渡って仏教を学んだ(9　　)は，帰国後(10　　)を開き，比叡山延暦寺は全国の学僧のための一大学問所となり，彼はその教育方針を『(11　　)』に記しているが，悲願の大乗戒壇の設立の意義については『(12　　)』に記している。

❷ 彼の思想は，仏陀の教えの核心は『涅槃経』に記された「(13　　)」という言葉を基本として，『法華経』の教えに即した(14　　)思想にある。

❸ (15　　)は入唐して，宇宙の真理である法身仏の秘密の教え(16　　)をもち帰り，天皇から高野山を賜って(17　　)を開いた。

❹ 彼は若いころ，儒教・仏教・道教を比較検討した『(18　　)』を書いているが，彼の思想の中心は『(19　　)』に記されている。それは，世界は法身仏である(20　　)の身・口・意の(21　　)の現われであり，人間は三密の行によってその身のままで仏と一体化できるという(22　　)の思想である。

❺ 平安後期に流行し始めた(23　　)は，仏の教え〈教〉も教えに従った〈行〉も悟りである〈証〉もあった(24　　)の時代，〈教〉と〈行〉はあるが〈証〉のない(25　　)の時代の後，〈教〉しかない救いのない末法の時代が到来するが，それは戦乱と飢饉に苦しんでいる今の時代なのだという思想である。

❻ この時代，諸仏の住む浄土への往生を願う(26　　)が生まれ，とくに(27　　)が住む西方極楽浄土への往生を(28　　)によって祈願する人々が多かった。

❼ 全国を鉦を叩いて遊行し，社会事業を行って〈阿弥陀聖〉とよばれた(29　　)や，『(30　　)』の中で「(31　　)」と語り，極楽の素晴らしさとともに地獄の恐ろしさを描いた(32　　)などはその先駆者である。

2── 鎌倉仏教

(1) 浄土系仏教

❶ (33　　)は，中国の善導の教えによって開眼し(34　　)を開く。その教えは，末法の世では自力による救いはなく，弥陀の(35　　)にすがる(36　　)以外にはないと，『(37　　)』に

おいて説かれている。
❷ そして，他のすべての修行を捨てて，ただ「(38)」と仏の名号を称えるだけで往生できるとする(39)を説いた。
❸ 師の他力の教えを徹底して(40)を説いて(41)を開いた(42)は，自力作善のできない人こそが阿弥陀仏の救いの対象だとする(43)を説いた。そして，すべては阿弥陀仏のはからいだという(44)の境地に至った。
❹ これらの思想は彼の著作である『(45)』や弟子の唯円の『(46)』に記されている。
❺ 〈捨て聖〉といわれた(47)は，平生を往生のときと考える(48)を開いたが，その布教の特徴は(49)といわれる踊りながらの念仏であった。

(2) 禅宗系仏教
❶ 達磨によって開かれた禅宗をもち帰った(50)は，〈不立文字〉や〈教外別伝〉を説き，『(51)』を記すとともに，(52)を開いた。
❷ 比叡山で学んだ後，建仁寺に入った(53)は，宋に渡ったのち(54)を開いたが，権力から距離をおくために越前に永平寺を建てて修行の場とした。
❸ 彼の思想は『(55)』に記されているが，仏祖の正法はひたすらな坐禅であるという(56)である。そして彼は，坐禅は(57)という身体や心のとらわれからの解放であり，坐禅という修行はそのまま悟りなのだという(58)を説いている。

(3) 日蓮宗
❶ 安房の漁師の子として生まれた(59)は，諸国を経めぐり比叡山でも学んだが満足せず，自ら(60)を開いた。
❷ 彼は『(61)』こそが最高の経典だとし，釈迦は悟りを開いた後も永遠の仏として(62)であり，今も教えを説き衆生の救済をはかっているという。それゆえ，「妙法蓮華経」という(63)を唱えるだけで成仏できると説いた。
❸ かくして自らを(64)と任じる彼は，『法華経』の教えに基づいてこそ国家の安泰がはかれるとし，『(65)』を著して鎌倉幕府に献じたが，捕えられて流罪となった。
❹ 彼の激しい布教態度は，「(66)」と語って浄土系宗派を非難し，「禅天魔」・「(67)」・「律国賊」などと諸宗派を攻撃したが，これらはまとめて(68)といわれた。

9 日本儒学と民衆の思想

1 ── 江戸儒学

①**朱子学**：江戸幕府の支配原理としての役割を果たす
　(1)**藤原惺窩**(16～17C)：仏教に仁義の喪失を見い出し，禅僧から還俗して朱子学を講じ，林羅山を家康に推挙する
　(2)**林羅山**(16～17C)……惺窩の推挙で幕府に仕える→主著『**春鑑抄**』『**三徳抄**』
　　a．〈**敬**〉の重視：私利私欲を慎み，天理に従う心を重んじる
　　b．**上下定分の理**：天地に上下があるように，人間にも上下があるのが天理である
　　　「天は高く地は低し。上下差別があるごとく，人も君は尊く民は卑しきぞ」
　　c．**存心持敬**：心に敬を抱き，上下定分の理をわきまえること
　(3)その他の朱子学者
　　a．**山崎闇斎**(17C)……敬と義を基礎とした倫理説→儒学的神道の**垂加神道**を説く
　　b．**木下順庵**(17C)……門下に幕臣で『**西洋紀聞**』を著した**新井白石**，民衆教化に尽力した**室鳩巣**，朝鮮語通使の**雨森芳州**がいる

②**陽明学**：朱子学を形式主義・主知主義的だとして批判し，実践的な学問を主張
　(1)**中江藤樹**(17C)……藤樹書院で民衆教化→〈近江聖人〉とされる。主著『**翁問答**』
　　a．〈**孝**〉の重視
　　　└─真心をもって人と親しみ，上を敬い下を侮らない〈**愛敬**〉として現れる
　　b．**時・処・位**を重視：孝の実践には時と場所と身分とを考慮すること
　　c．**良知**の重視：善悪を判断する生まれつきの知→**知行合一**の基礎
　(2)その他の陽明学者
　　a．**熊沢蕃山**(17C)……時・処・位を重視→岡山藩で治山・治水に尽力
　　b．**大塩平八郎**(18～19C)：飢饉で苦しむ民衆のために大坂で挙兵

③**古学**：朱子や王陽明の解釈を入れない，孔子・孟子の原典に帰ろうとする立場
　(1)**山鹿素行**(17C)……林羅山に師事するが，その形式主義を批判して赤穂に流罪
　　　　　　　　主著『**聖教要録**』
　　├─**士道**：武士の道とは，農工商の三民を導く倫理的指導者であることと説く
　　　　※**山本常朝**……『**葉隠**』：「武士道というは死ぬことと見つけたり」
　(2)**伊藤仁斎**(17～18C)……『論語』『孟子』を重視し，それらの書に書かれている本来的意味(古義)を探求して**古義学**を提唱→主著『**童子問**』『**語孟字義**』
　　a．**仁・愛**：孔子の思想の核心は仁であり，その精神は愛だと説く
　　　　「われよく人を愛すれば，人もまたわれを愛す」

  b．〈誠〉：自他いずれにも偽りをもたない**真実無偽**な心を重視
     ┌「**誠**なければ，**仁**，仁に非ず」
     └誠は孔子のいう**忠信**の実践となって現れるとした
(3)**荻生徂徠**(17～18C)……孔孟以前の「**六経**」を原典で研究する**古文辞学**を提唱
     主著『**弁道**』『政談』
  a．**先王の道**：古代の支配者たちが求めたのは，道徳的な道でも自然の道でもなく，
    人々の生活の安寧をはかる**安天下の道**であった
  b．**経世済民**：世を治め民を救うことで，そのためには，**礼楽刑政**(儀礼・音楽・刑
    罰・政治)の制度を整えること

2 ── 江戸庶民の思想

①町人の思想
(1)**石田梅岩**(17～18C)……丹波出身の農民で，京都で奉公しつつ儒教・仏教・神道を学
    び，**心学**を開く→主著『**都鄙問答**』
  a．職分論：身分の基礎は職業上の区分で，各身分には差異はない
     「士農工商トモニ天ノ一物ナリ」「**商人ノ買利ハ士ノ禄ニ同ジ**」
  b．商人の道：足るを知って分に安んじる〈**知足安分**〉を説き，ものを活かす〈**倹約**〉
    と人を活かす〈**正直**〉を重視→「**先も立ち，我も立つ**」
(2)その他の思想家
  a．**井原西鶴**(17C)……大坂の浮世草子の作者で，庶民の色欲や金銭欲を描く
  b．**近松門左衛門**(17～18C)……大坂の戯作者で，**義理・人情**に悩む庶民を描く
  c．**富永仲基**(18C)……大坂の**懐徳堂**で学び，仏教も後世人のつけ加えた説の上に成
    り立つという**加上説**を説く
  d．**山片蟠桃**(18～19C)……懐徳堂で学び，霊魂の存在を否定する**無鬼論**を展開した
②農民の思想
(1)**安藤昌益**(18C)……出羽の医師で，農業を基本とした平等な社会を理想として描き出
    した→『**自然真営道**』
  a．**万人直耕**：自然の営みに参画し，自ら耕し衣食住を給すること
  b．**自然世**：万人が直耕する差別や搾取のない理想的な社会
   法　世：**不耕貪食**の士工商階級が農民に寄生する差別と搾取の社会
(2)**二宮尊徳**(18～19C)……相模の農業指導家で，人間と自然に関する思想を展開
  a．二つの道
   ・**天道**：自然の営みで，作物の育成を促すが，害悪も与える
   ・**人道**：人間の営みで，天道にしたがって行われる工夫と努力のこと
  b．**報徳思想**：自己の存在は天地と周辺の人々の徳のおかげであり，その人々の徳に
    報いようとする思想
        ┌**分度**：自己の経済力に応じた生活をすること
   └具体的には─┤
        └**推譲**：勤勉と倹約で蓄えた財に余力があれば，それで他者
         を助けること

9 日本儒学と民衆の思想

スピード・チェック

1 ── 江戸儒学

(1) 朱子学

❶ 元相国寺の禅僧(1   )の推挙で幕府に仕えた(2   )は，その著『(3   )』の中で，天地と同じく人間にも上下があるとしてこれを〈(4   )〉とよび，幕藩体制の身分制度を理論化した。

❷ 彼は，私利私欲を慎み天理に従うことを〈(5   )〉とよんだが，この姿勢を貫くことを，朱子学の居敬窮理にならって(6   )とよんだ。

❸ その他の朱子学者としては，羅山の弟子で儒教と神道を融合し(7   )を唱えた(8   )や，羅山と対立した(9   )の門下には『西洋紀聞』を著した(10   )や朝鮮語通使として活躍した(11   )などがいる。

(2) 陽明学

❶ 〈近江聖人〉とよばれた(12   )は，『(13   )』を著して分かりやすく儒教思想を説くとともに，しだいに王陽明が説いた(14   )に近づいていった。

❷ 彼は天地を貫く原理として〈(15   )〉を説いたが，それは人倫の場面では真心をもって人と親しみ上を敬い下を侮らないという(16   )として現れるものであった。

❸ 孝の実践は(17   )すなわち時と場所と身分を考慮して行われるもので，岡山藩に仕えて治山・治水に尽力した彼の弟子(18   )は，これがなければ法や道徳は成り立たないと考えた。

(3) 古学

❶ 朱子や王陽明の解釈の入った儒学を斥けた(19   )は，林羅山の思想を批判し，『(20   )』を著して孔孟に帰る(21   )を提唱するとともに，太平の世の武士は農工商三民の倫理的模範となるべきだとして(22   )を説いた。

❷ 鎌倉時代以降，戦士としての武士には〈(23   )〉といわれる武士独自のあり方や生き方が求められていた。佐賀藩の山本常朝は『(24   )』の中で，それを「死ぬことと見つけたり」と記している。

❸ 『論語』こそ最良の書と考えた(25   )は，その本義を求める(26   )を提唱した。彼の思想は，幼児の質問に答えるという形式で書かれた『(27   )』によく示されている。

❹ 彼は孔子の思想の核心は(28   )であり，その本質は(29   )であると考えた。しかし，それも真実無偽で純真な心である(30   )があってこそだと考え，その心は孔子の言う(31   )の実践となって現れると教えた。

❺ (32   )は，孔子が自らの学問の手本とした〈六経〉にまでさかのぼり，それらを原典で研究する(33   )を提唱した。

❻ 彼は中国古代の支配者の求めた(34   )は，自然や道徳の道ではなく人々の生活の安寧をはかる(35   )であり，世を治め民を救う(36   )であって，儀礼や音楽を整え，刑罰を定めて政治を行うという(37   )を重視する道であったと考えた。

38

2 ── 江戸庶民の思想

(1) 町人の思想

❶ (38)は儒・仏・道教を併せた(39)という商人道徳の学問をひらいたが，その思想は著書『(40)』に記されている。

❷ 彼は，「商人の買利は，士の禄に同じ」と語り，士農工商はともに天下のために尽くしているとして身分は職分だと考えた。そして，商人は足るを知って分に安んじる〈(41)〉を忘れず，ものを活かす(42)と人を活かす(43)こそ大切にしなければならないと説いた。

❸ 浮世草子の作者(44)は，庶民の色と欲を描き，浄瑠璃や歌舞伎の戯曲を書いた(45)は，義理と(46)の板挟みに苦しむ人間を巧みに描いた。

❹ 大坂の商人が建てた(47)に学んだ(48)は，仏教や儒教の思想も後世の人がつけ加えで成り立つという(49)を唱えた。

❺ 同じ懐徳堂に学んだ(50)は，地動説を唱えるとともに，霊魂の存在を否定する(51)を展開するなど，きわめて合理的・科学的な目をもっていた。

(2) 農民の思想

❶ 自然の営みの本質は万物の生育だと考えた出羽の医師(52)は，『(53)』の中で，自然に生かされている人間は，すべての人が大地に働きかける(54)こそが人間の本来的姿である，と説いた。

❷ しかし，現実の世は自ら耕すことのない士工商らの(55)の徒が農民に寄生している(56)であり，誰もが自ら耕し自ら給する(57)が理想の社会だ，と論じている。

❸ 相模の国の農業指導者(58)は，農業は二つの道から成るという。一つは，万物を生み育てる(59)であり，もう一つは人間が重ねる工夫と努力である(60)である。

❹ しかし，そうした自己のあり方も自然とともに自分を取り巻く人々のお蔭と考える彼は，それに報いる(61)を説いている。そして，その具体的な実践として，自己の経済力に応じた生活を心がける(62)と，勤勉と倹約の結果として生じた余財を人々の救済に充てる(63)を説いている。

10 国学と洋学・幕末の思想

1 ── 国学の思想と神道

①**国学**の発生と先駆者
　(1)国学：古学による中国古典への復帰運動の影響→『**古事記**』『**万葉集**』に着目
　(2)**契沖**(17〜18C)：文献学的・実証的研究で古典を研究→『**万葉代匠記**』
　　荷田春満(17〜18C)：契沖の万葉学と仁斎の古義学に学ぶ→日本古来の精神である**古道**を探求

②代表的国学者
　(1)**賀茂真淵**(17〜18C)：荷田春満に師事し古道探求のために日本の古典を研究
　　　　　　　　主著：『国意考』『万葉考』
　　└─日本の精神(**古道**)→自然で大らかな精神である〈**高く直き心**〉に満ちている
　　　　　　　　　　　　　　↓
　　　　　　　　高く直き心が男らしい〈**ますらおぶり**〉の歌風を生む
　　　　　　　　　　　　　　↓
　　　　　　　　本居宣長は『古今集』の〈**たおやめぶり**〉を重視
　(2)**本居宣長**(18〜19C)：伊勢松坂の医師で真淵の影響で古道と文芸の本質を探求
　　　　　　　　　→主著『**古事記伝**』：「古事記」の注釈と古道の探求
　　　　　　　　　　『**源氏物語玉の小櫛**』：文芸論　『**玉勝間**』：随筆
　　a．**漢意**：儒教や仏教の精神のことで，理屈や形式が過ぎるとして批判
　　b．**真心**：素直で大らかな日本古来の精神のことで，高く評価する
　　　　　　「真心とは，よくもあしくも生まれたるままの心をいう」
　　c．古道論：日本古来の道は，神々によって作られた〈**惟神の道**〉である
　　d．文芸論：文芸の本質は，〈**もののあはれ**〉である
　　　　　　　　　　　　　‖
　　　　　　〈もの〉に触れて人の心に生じる〈ああ，はれ〉という感情
　(3)**平田篤胤**(18〜19C)：宣長の惟神の道を〈皇国の道〉を明らかにする道ととらえ，天皇の絶対性と日本の優越性を説く→**復古神道**を唱える

③神道の思想
　(1)**神道**：仏教伝来以前から日本に根づいていた，開祖も教義もない宗教→古神道ともいう
　(2)さまざまな神道：古神道に対して，新たに開祖や教義をもった神道
　　a．**伊勢神道**：鎌倉末期に反本地垂迹説の立場から度会家行が創始
　　b．**吉田神道**：室町時代に儒仏の思想を取り入れて吉田兼倶が創始

c．国家神道：明治政府が国家統治の目的で各地の神社を統合して成立
　　d．教派神道：国家神道に対する教祖・教義をもつ神道→天理教・金光教など

2 ── 蘭学・洋学の思想

①**和魂洋才**：日本の伝統的精神を基礎に西洋の科学・技術を受容しようとする考え
　└**貝原益軒**(17～18C)：朱子学の合理的・批判的精神によって実証的思想を育む
　　　　　　　　主著『**大和本草**』『**養生訓**』

②**蘭学**：鎖国下にあって，唯一の西欧貿易国オランダの言葉を通して流入した学問
　(1)**青木昆陽**：享保の飢饉のとき，甘藷(サツマイモ)を栽培して民衆救済に尽力
　(2)『**解体新書**』：オランダの医学書『ターヘル＝アナトミア』の翻訳書
　　└**杉田玄白**(18～19C)・**前野良沢**(18～19C)による翻訳
　　　　└翻訳の苦労談を『**蘭学事始**』に綴っている
　(3)**適塾**：**緒方洪庵**(19C)が大坂に開いた蘭学塾→福沢諭吉ら多くの人材が育つ

③**洋学**：蘭学以降に流入した英・仏・独などの西欧学問の総称
　(1)**三浦梅園**(18～19C)：自然には一定の法則があるという**条理学**を提唱
　(2)**尚歯会(蛮社)**：洋学を中心とした新知識を求める人々の会
　　①**渡辺崋山**(18～19C)：洋学の知を産業育成に活かす→また，著書『**慎機論**』で幕府の
　　　　　　　　　対外政策を批判→蛮社の獄で自刃
　　②**高野長英**(19C)：鳴滝塾で**シーボルト**に蘭学を学ぶ→『**戊戌夢物語**』で幕府の外交政
　　　　　　　　策を批判→蛮社の獄で自刃
　(3)**佐久間象山**(19C)：信州松代藩の朱子学者→アヘン戦争での清国の敗北に衝撃を受け，
　　　　　　　　洋学の必要性を痛感→主著『**省諐録**』
　　　　　　　　　　　　　　↓
　　　　東洋の精神の上に西洋の科学技術の導入を提唱→「**東洋道徳　西洋芸術**」

3 ── 幕末の思想

①**水戸学**：水戸藩による『大日本史』編纂を契機として生まれた学問
　├**大義名分論**：強固な君臣関係の上に立って，あるべき国家秩序を求める
　├**尊王攘夷論**：天皇崇拝と外国人排斥を唱える→のち尊王倒幕の理論となる
　└思想家：**会沢正志斎**(18～19C)や藤田東湖(19C)

②幕末の思想家たち
　(1)**横井小楠**(19C)：肥後藩士として儒学思想を基礎に洋学も摂取し，攘夷論から開国論
　　　　　　　に転じ，明治政府の富国強兵・殖産興業政策に貢献
　(2)**吉田松陰**(19C)：長州藩の尊王理論家。**松下村塾**にて後進を指導しながら〈**誠**〉をもっ
　　　　　　　て天皇を中心とした国家形成を主張
　　　　　　　　　　　↓
　　　　分裂した各藩を天皇の下に結集させる〈**一君万民論**〉を説く→
　　　　安政の大獄で刑死

10 国学と洋学・幕末の思想

スピード・チェック

1── 国学の思想

(1) 国学の発生と先駆者

❶ 儒学における古典復帰運動は，『古事記』や歌集『(1   )』などの研究を通して，日本古来の精神を求める学問としての(2   )を生むことになった。

❷ その先駆者は，摂津の僧侶であった(3   )で，文献学的・実証的研究を行ったが，その成果が『(4   )』であった。

❸ 京都の神官であった(5   )は，契沖の万葉学と伊藤仁斎の古義学を学び，日本古来の精神である(6   )を探求しようとした。

(2) 代表的国学者

❶ 荷田春満に師事した(7   )は，儒教の影響を受ける前の日本の古典，とくに『万葉集』の研究に取り組んだ。彼は，日本古来の精神は素朴で雄大だとして，それを〈(8   )〉とよんだ。そしてこの精神が言葉や行動に現われたとき，それは〈(9   )〉とよばれ，『万葉集』の歌風だと考えた。

❷ 伊勢松坂の医師であった(10   )は，医業のかたわら『源氏物語』や『古事記』に親しんでいたが，賀茂真淵との出会いによってその学問方法を継承し，ライフワークとなった『(11   )』や随筆『(12   )』を著すこととなった。

❸ 彼は，儒教や仏教は理屈っぽく形式に走りすぎた不自然な精神からなる思想だと批判し，その心を(13   )とよんだ。これに対して日本古来の精神は，自然で素直なありのままの心であると考え，これを(14   )とよんで賞賛した。そして，この日本的精神は神々によってもたらされたものとして，(15   )とよんだ。

❹ また彼は，文芸の本質は対象と主観との共感による感動であるととらえ，これを〈(16   )〉とよんでいる。また，賀茂真淵が称揚した〈ますらおぶり〉に対して，『古今集』の歌風である〈(17   )〉の方をより重視した。彼の文芸論は『(18   )』に記されている。

❺ 本居宣長の惟神の道を〈皇国の道〉を明らかにする道ととらえた(19   )は，自ら(20   )を説いて，幕末の勤皇思想に大きな影響を与えた。

(3) 神道の思想

❶ 仏教伝来以前の日本では，開祖も教義もない民間信仰が根づいていたが，これが(21   )である。

❷ その後，鎌倉時代には反本地垂迹の立場から(22   )，室町時代には儒仏を取り入れた(23   )などの神道が開かれていった。

❸ 明治政府は国家統一の精神として(24   )を作り出したが，これにより江戸末期に成立していた天理教や金光教などは(25   )とよばれるようになった。

2 ── 蘭学・洋学の思想

(1) 蘭学の思想
❶ 鎖国下にあった日本がオランダの言葉を介して学んだ学問が(26　)であるが，甘藷の栽培で知られる(27　)はこの学問の先導役であった。
❷ 医学では『大和本草』を著した(28　)が知られているが，(29　)や杉田玄白たちがオランダの医学書『ターヘル＝アナトミア』を翻訳した『(30　)』が知られている。
❸ 長崎で医学を学んだ(31　)は，大坂に蘭学塾(32　)を開き，福沢諭吉や大村益次郎などの明治の新生日本を担う多くの人材を育てた。

(2) 洋学の思想
❶ 蘭学とともに英・仏・独などの学問を総じて(33　)というが，自然の法則性を条理学として研究した(34　)は，その先駆けであった。
❷ 洋学を学ぶ人々によって結成された(35　)あるいは蛮社は，幕府の鎖国政策を批判したため弾圧をうけた。愛知田原藩の家老(36　)は，『(37　)』の中で鎖国政策を批判し投獄される。また，(38　)に医学と蘭学を学んだ(39　)は，幕府の外国船打ち払いを『(40　)』で批判したため，蛮社の獄によって捕らわれた。
❸ 信州松代藩の朱子学者(41　)は，アヘン戦争における清国の敗北に衝撃を受け，洋学の重要性を認識するようになった。そして，西欧技術の優秀性と日本の精神の卓越性を示す「(42　)」という言葉を，彼は「(43　)」と表明した。

3 ── 幕末の思想

❶ 水戸藩の『大日本史』編纂を契機に生まれた学問(44　)は，朱子学の(45　)と天皇崇拝・外国人排斥という(46　)とを柱とした学問で，幕末の尊王倒幕運動に大きな影響を与えた。(47　)や藤田東湖らが代表的思想家である。
❷ 肥後藩士として攘夷論者であった(48　)は，西洋の科学技術の長所に目覚め，開国論に転じるとともに，明治政府の殖産興業・富国強兵の政策に影響を与えたが，保守派に暗殺された。
❸ 佐久間象山に学んだ長州藩の(49　)は，私塾(50　)で後進たちに〈誠〉をもって天皇制国家の建設を説いた。そして分裂した各藩を，天皇の下に一つとなる〈(51　)〉を説いたが，安政の大獄で刑死した。

11 近代日本の思想

1 — 啓蒙思想と伝統思想

①**明六社**：明治6年，西洋近代の思想の紹介を通して啓蒙活動を行う
　　　　発起人は**森有礼**(19C)：『**妻妾論**』で一夫一婦制を論じる
　　─代表的思想家：**中村正直**(19C)：『**自由の理**』(J. S. ミルの『**自由論**』の翻訳)
　　　　　　　　　西周(19C)：権利・哲学・主観などの哲学用語の翻訳

②**福沢諭吉**(19～20C)：中津藩の下級武士で英米思想を背景に封建思想を批判
　　主著『**学問のすすめ**』『**文明論之概略**』『**西洋事情**』
　(1)**天賦人権論**：「**天は人の上に人を造らず，人の下に人を造らず**」
　(2)**実学**の勧め：日常生活に有用な学問→基本は**数理学**
　(3)**独立自尊**と国家：「**一身独立して　一国独立す**」→官民調和を説いて自由民権運動を批
　　　　　　　　　　判→晩年は富国強兵と西欧化を進める**脱亜論**を主張

③**自由民権運動**：藩閥政治に反対し，国会開設などの民主主義的改革を要求した運動
　(1)**中江兆民**(19～20C)：ルソーの『社会契約論』を『**民約訳解**』として翻訳
　　　　　　主著『**三酔人経綸問答**』『**一年有半**』
　　┌**恩賜的民権**：権力から与えられた権利─┐
　　└**恢復的民権**：人民自ら奪い取った権利←┘恩賜的民権を恢復的民権に育てる
　(2)**植木枝盛**(19C)：私擬憲法『**東洋大日本国国憲按**』→ロックの抵抗権を主張

④伝統思想の展開
　(1)**岡倉天心**(19～20C)：東洋美術の優秀さを確信→東京美術学校創設に関わる
　(2)**国粋主義**：明治政府の**欧化政策**を批判し，日本民族と文化の卓越性を主張する思想
　　 a．**西村茂樹**(19～20C)：儒教による『**日本道徳論**』を説く→『**教育勅語**』に影響
　　 b．**三宅雪嶺**(19～20C)：志賀重昂と雑誌『**日本人**』発行→国粋保存を主張
　　 c．**陸羯南**(19～20C)：新聞『**日本**』を発行し，国民主義を掲げる
　(3)**国家主義**：国家の価値を最高とし，個人の権利よりも国家を優先する思想
　　 a．**徳富蘇峰**(19～20C)：**欧化主義**を批判し**平民主義**を主張→のちに国家主義に
　　 b．**北一輝**(19～20C)：極端な排外の**超国家主義**を説く→『**日本改造法案大綱**』

2 — 日本キリスト教と大正デモクラシー

①日本キリスト教
　(1)**内村鑑三**(19～20C)：札幌農学校でクラーク博士の影響によりクリスチャンとなる
　　　　　　主著『**余は如何にして基督信徒となりし乎**』『**代表的日本人**』
　　 a．社会問題への関心：一高教授時代に**不敬事件**を起こして退職し，万朝報に入社後，

　　　　　　　足尾鉱毒事件を批判し，日露戦争に反対して**非戦論**を展開した
　　　　b．**二つのJ**：JesusとJapanの重視→「**武士道に接木されたるキリスト教**」
　　　　c．**無教会主義**：パウロ，ルターの影響で，聖書のみに信仰の基礎をおく
　(2)**新渡戸稲造**(19〜20C)：札幌の農学校に学び，日本精神とキリスト教精神を結びつけ
　　　　　　　　　　　　　る→国際連盟事務次長として国際平和に貢献　主著『**武士道**』
　(3)**新島襄**(19〜20C)：同志社を建て，開かれた教会と共和主義精神の育成をはかる
　(4)**植村正久**(19〜20C)：日本のプロテスタント運動の先駆者
②**大正デモクラシー**：**女性解放運動・労働運動・部落解放運動**(**全国水平社**が中心)などの
　　　　　　　　　　　　大衆運動が起きる
　(1)社会主義運動
　　　　a．**片山潜**(19〜20C)：キリスト教人道主義から社会主義へ。日本共産党設立
　　　　b．**安部磯雄**(19〜20C)：キリスト教社会主義を標榜し，日露戦争に非戦論展開
　　　　c．**幸徳秋水**(19〜20C)：日露戦争前年に**平民新聞**を発刊し非戦論を展開→のち無政
　　　　　　　　　　　　　　府主義に移行し，**大逆事件**で死刑　主著『**二十世紀之怪物帝国主義**』
　(2)大正デモクラシーの思想家
　　　　a．**吉野作造**(19〜20C)：天皇制立憲主義の実情をふまえ，〈**民本主義**〉を唱える
　　　　b．**美濃部達吉**(19〜20C)：天皇は国家の統治機関という〈**天皇機関説**〉を説く
　(3)女性解放運動
　　　　a．**景山(福田)英子**や**岸田俊子**は，自由民権運動から婦人解放運動へと進んできた
　　　　b．**平塚らいてう**(19〜20C)：雑誌『**青鞜**』を発刊し，女性解放運動に取り組む

3 ── 文学運動と独創的思想家たち

①文学と近代化
　(1)**北村透谷**(19C)：**ロマン**主義の中心→**内部生命**の発露として〈**想世界**〉を重視
　(2)**夏目漱石**(19〜20C)：日本の近代化は**外発的開化**と批判→利己主義に偏らない〈**自
　　　　　　　　　　　　己本位**〉を重視→晩年，〈**則天去私**〉の境地に→主著『**私の個人
　　　　　　　　　　　　主義**』『**現代日本の開化**』
　(3)**森鷗外**(19〜20C)：自己の立場を見つめながら社会を受け入れていく〈**諦念(レジグ
　　　　　　　　　　　　ナチオン)**〉を自己の生き方とした→主著『**舞姫**』『**高瀬川**』
②独創的思想家たち
　(1)**西田幾多郎**(19〜20C)：西洋哲学と禅の思想を融合→主観と客観が分化する前の**主
　　　　　　　　　　　　　客未分**の直接的経験＝**純粋経験**において実在は現れるとす
　　　　　　　　　　　　　る→『**善の研究**』
　(2)**和辻哲郎**(19〜20C)：人間は何らかの関係性において存在する〈**間柄的存在**〉である
　　　　　　　　　　　　と考えた　主著『**人間の学としての倫理学**』
　(3)**柳田国男**(19〜20C)：民衆(**常民**)こそが日本文化の担い手と考え，民間伝承などを
　　　　　　　　　　　　もとに**民俗学**(**新国学**)を確立→主著『**遠野物語**』『**先祖の話**』
　(4)**柳宗悦**(19〜20C)：生活用品や無名の職人たちの作品に美を見出し，それらを**民芸**
　　　　　　　　　　　　とよんで，その保存運動を展開

11 スピード・チェック
近代日本の思想

1 ── 啓蒙思想と伝統思想

(1) 啓蒙思想

❶ 明治6年，(1   )を発起人として設立された(2   )は，近代西洋思想の紹介を通して啓蒙活動を行う。代表的思想家としては，ミルの『自由論』を翻訳した(3   )や哲学用語の翻訳を行った(4   )などがいる。

❷ 明六社の一員で中津藩の下級武士であった(5   )は，封建的身分制度を批判し，主著『(6   )』の中で「天は人の上に人を造らず」という(7   )を展開した。そして，学問とは日常生活に有用な(8   )であり，具体的には数学と理論を備えた(9   )だと考えた。

❸ 彼は，「(10   )して，一国独立す」と語り，個人の独立自尊と国家の独立を調和的にとらえ，主著『(11   )』では古今東西の文明の比較を通して日本の近代化を模索した。しかし，晩年は富国強兵と西欧化を求める(12   )を展開した。

❹ 国会開設などの要求を掲げて(13   )が展開されるなか，その理論的指導者とされたのが，ルソーの『社会契約論』を『(14   )』として翻訳した(15   )であった。彼は主著『(16   )』で，権力から与えられた(17   )も上手に養い育てることで，自分たちが勝ち得た(18   )と変わらぬ権利となると論じた。

❺ 板垣退助の影響を受けた(19   )は，私擬憲法案『(20   )』において，ロックの抵抗権の主張を展開している。

(2) 伝統思想の展開

❶ 明治政府の(21   )あるいは欧化主義に反発して，明治20年代に日本民族やその固有の文化の純粋性を主張する(22   )が登場してきた。日本美術の復興に尽力した(23   )は，東京美術学校に着任すると徹底的に西洋美術を排斥したが，「アジアは一つ」として東洋美術全般には大きな評価を与えた。

❷ 儒教道徳と西洋思想を融合して国民道徳を説いた(24   )は，『(25   )』に影響を与えるとともに，国粋主義の先駆となった。

❸ 雑誌『日本人』を発刊した(26   )は，志賀重昂や新聞『日本』を発行していた(27   )らとともに，日本民族とその文化の卓越性を主張した。

❹ 政府による上からの西欧化に反対した(28   )は，(29   )を掲げて下からの近代化を唱えたが，日露戦争を機に国家を優先する(30   )へと傾いていった。

❺ 天皇を頂点とする国家社会主義を主張した(31   )は，しだいに自民族至上主義と対外膨張政策を特徴とする(32   )を主張するようになった。

2 ── 日本キリスト教と大正デモクラシー

(1) 日本キリスト教

❶ 札幌農学校のクラークの影響で洗礼を受けた(33   )は，一高時代に(34   )で教職を追われ，万朝報に入って(35   )では田中正造を支援し，日露戦争では(36   )を展開した。

彼の信仰姿勢は生涯を日本とイエスの〈(37)〉に捧げるものであり、信仰の基礎を聖書にのみ認め、教会を必要としない(38)の立場をとるものであった。
❷ 国際連盟事務次長となった(39)は、その著『(40)』において日本的精神とキリスト教精神とを融合させ、同志社を建てた(41)は開かれた教会を求め、さらに(42)は日本プロテスタント運動の指導者となった。

(2) **大正デモクラシー**
❶ 第一次世界大戦後の日本では、(43)とよばれる大衆運動が起こった。ロシア革命の影響で社会主義運動も盛んとなり、日本共産党設立に尽力した(44)やキリスト教社会主義を標榜して非戦論を展開した(45)、さらには(46)を発刊して非戦論を論じた後、無政府主義に傾き(47)で刑死した(48)などがいる。
❷ 大正デモクラシーの中心人物は、天皇制立憲主義という現状の中で、民主主義を〈(49)〉と訳した(50)や、天皇は法人である国家の統治機関であるという〈(51)〉を唱えた(52)たちがいる。
❸ また(53)を結成して部落解放運動を展開した人々や、女性の権利獲得のために立ちあがった人々もいる。後者では(54)や岸田俊子、さらには「原始女性は太陽であった」と謳った雑誌『(55)』を発刊した(56)などがいる。

❸── 文学運動と独創的思想家たち

❶ 日本の開化は(57)であると嘆いた(58)は、他人本位でもない利己主義でもない(59)を自らの立場とし、近代的自我の探求を行ったが、晩年は大いなる自然の中に自己を委ねる〈(60)〉を語った。
❷ 『舞姫』で知られる文豪(61)は、個人と社会との葛藤の中で、自己を見つめつつ、他者の立場を受け入れる(62)を自らの生きる姿勢と考えた。
❸ 『善の研究』を著わした(63)は、真の実在は主観と客観が分かれる前、すなわち(64)の段階における純粋な経験である(65)において現われるとした。
❹ 西洋の個人は社会や他者と分離して論じられていると考えた(66)は、人間は何らかの関係性において存在するとして、それを(67)とよんだ。
❺ 日本文化の担い手は、名もなく文字ももたない(68)と考えた(69)は、民間伝承をもとに(70)を創始し、(71)は庶民の生活用品に美を見出す民芸運動を起こした。

12 人間の尊厳と科学的精神のめばえ

1 ── 人間解放の思想
①**ルネサンス**の思想
　(1)**人文主義(ヒューマニズム)**：ギリシア・ローマの古典を通して新しい人間像を求める
　　　a．**ダンテ**(13〜14C)：教会の権威を風刺→トスカーナ方言で『**神曲**』を書く
　　　b．**ペトラルカ**(14C)：『**カンツォニエーレ**』で抒情を謳う
　　　c．**ボッカチオ**(14C)：『**デカメロン**』で人間の欲望や愛憎を肯定的に描く
　(2)**万能人(普遍人)**：ルネサンス期の理想的人間像
　　　├ **レオナルド＝ダ＝ヴィンチ**：『**最後の晩餐**』
　　　├ **ミケランジェロ**：『**最後の審判**』『**ダヴィデ**』
　　　└ **ラファエロ**：『**アテネの学堂**』『**聖母子**』
　(3)人文主義者たち
　　　a．**ピコ＝デラ＝ミランドラ**(15C)：イタリアの人　『**人間の尊厳について**』
　　　　　└ 人間の尊厳を**自由意志**に認める
　　　b．**エラスムス**(16C)：オランダの人　『**愚神礼賛**』
　　　　　└〈人文主義者の王〉といわれ，カトリックを批判しルターに影響を与える
　　　c．**トマス＝モア**(16C)：イギリスの人　『**ユートピア**』
　　　　　└ 囲い込み運動を批判し，私有財産制度を否定した理想社会を描く
　(4)政治思想
　　マキャヴェリ(16C)：イタリアの人　『**君主論**』
　　　└ イタリア半島の統一のために，キリスト教道徳に縛られない支配者像を求める

2 ── 宗教的権威からの自由
①**ルター**(16C)：ウィッテンベルク大学神学部教授　『**キリスト者の自由**』
　(1)ローマ教会が**贖宥状**を発売→ルターは『**95カ条の論題**』(意見書)で批判
　(2)**信仰義認説**：パウロの「人が義とされるのは**信仰のみ**」という言葉に依拠
　　聖書中心主義：福音は聖書にのみ記されているとし，聖書のドイツ語訳に尽力
　　万人司祭主義：すべての信者は神の前に平等な者であり，司祭である→
　　　　　　　　　　教会の権威を否定し，無教会主義を唱える
　　職業召命観：すべての職業は神のお召(Calling)ととらえる
②**カルヴァン**(16C)：ジュネーヴで神権政治を実現　『**キリスト教綱要**』
　(1)**予定説**：この世のすべては神によって予定されており，救済の可能性も神の決定によ
　　　　　　るとして，贖宥状による救いを否定した

(2)**職業召命観**：職業は神の栄光を実現するための奉仕の場である

　　　　　　　それゆえ，与えられた職業に励むこと＝勤勉────**カルヴァン主義**の
　　　　　　　　　　　得た利益は無駄に使わない＝倹約────職業倫理
　　　　　　　　　　　　　　　　　↓
　　　　　　ウェーバー：『**プロテスタンティズムの倫理と資本主義の精神**』で分析

3 ── 人間の観察

①**モラリスト**：16～17世紀のフランスを中心に，現実社会と自己の内面を冷静に観察し，
　　　　　　　自らの生き方（モーレス）を探求しようとした人たち
②代表的モラリスト
　(1)**モンテーニュ**(16C)：「**ク・セ・ジュ（私は何を知るか）**」と語り，スコラ的理性の傲慢
　　　　　　　　　　　を反省し，**懐疑主義**の立場をとった。また，宗教戦争の悲惨さ
　　　　　　　　　　　から，**寛容**の大切さを説く→主著『**エセー**（随想録）』
　(2)**パスカル**(17C)：神なき人間の悲惨さとキリスト教の真理を説く
　　　　　　　　→主著『**パンセ**（瞑想録）』
　　　a.**中間者**：人間は偉大と悲惨，無限と虚無の間を揺れ動く中間的な存在（**中間者**）
　　　b.**人間の尊厳**：宇宙は自らの無限と偉大を自覚できない
　　　　　　　　　　人間は自らの卑小と悲惨を自覚できる→**考えること**において人間は
　　　　　　　　　　尊厳をもつ
　　　　　　　　　　「われわれの尊厳は考えることの中にある」
　　　　　　　　　　「人間はひと茎の葦にすぎない。自然の中で最も弱いものである。
　　　　　　　　　　だが，それは**考える葦**である」
　　　c.**気晴らし**：人間は自らの悲惨さから目を逸らし，気晴らしにはしる
　　　d.**繊細の精神**：柔軟で直感的な芸術的・文学的精神
　　　　　幾何学的精神：論理的で厳密な推理による数学的・科学的精神

4 ── 科学的精神のめばえ

①**科学革命**：17世紀，**仮説・観察・実験・検証**という科学的方法が確立
②三大科学者とニュートン
　(1)三大科学者
　　　a.**コペルニクス**(15～16C　ポーランド)：『**天体の回転について**』
　　　　└**プトレマイオス**の天動説を批判し，**地動説**を唱える
　　　b.**ケプラー**(16～17C　ドイツ)：惑星が楕円軌道を描くことを主張
　　　c.**ガリレイ**(16～17C　イタリア)：『**天文対話**』
　　　　├落体の法則・慣性の法則などを発見し，それを数学的に定式化
　　　　│　「**自然の書物は数学の言葉で書かれている**」
　　　　└望遠鏡で天体観察→地動説を支持→**宗教裁判**にかけられ自説を撤回
　(2)**ニュートン**(17～18C　イギリス)：『**プリンキピア**』
　　　└**万有引力の法則**を発見し，古典力学を大成し，近代物理学の先駆となる

12 スピード・チェック
人間の尊厳と科学的精神のめばえ

1 ── 人間解放の思想

❶ 中世的人間観からの脱却の先駆となったのは，トスカーナ方言で『神曲』を描いた(1   )や，『デカメロン』を描いた(2   )たちである。

❷ 人間性の解放は，個性豊かで才能に溢れた〈(3   )〉という人間像を理想として求めさせることになったが，その代表的な人物が，『モナ＝リザ』で有名な(4   )や，『ダヴィデ』の像で知られる(5   )である。

❸ ギリシア・ローマの古典研究を通して人間の解放を求めた思想を(6   )というが，(7   )は『(8   )』の中で，人間は自らの意志によって「自分の欲するものになれる」と語り，自由意志に人間の尊厳を認めた。

❹ オランダの(9   )は，主著『(10   )』においてカトリック教会を痛烈に批判し，その友人でイギリスの(11   )は，『(12   )』を書いて，私有財産制を否定する理想郷を描いた。

❺ イタリア統一のために(13   )は，キリスト教道徳に縛られない支配者像を求めて『(14   )』を著し，政治には権謀術数が必要性だと説いた。

2 ── 宗教的権威からの自由

❶ 宗教改革は，カトリック教会が発行した(15   )をウィッテンベルク大学教授の(16   )が，『(17   )』によって批判したことが発端となった。

❷ 彼の思想は，主著『(18   )』に記されており，その核心はパウロの「人は信仰のみによって義とされる」という(19   )説にある。

❸ そして，彼は信仰の基礎を聖書にのみおく(20   )を唱え，信仰さえあれば誰もが神に仕えるものであるとする(21   )を説いた。

❹ 故国フランスを追われた(22   )は，『(23   )』の中で，ある人が信仰深い人か信仰心の薄い人か，あるいは善行を積んでいるか積んでいないかといったこととは関係なく，神はあらゆることをあらかじめ定めているという(24   )を説いた。

❺ この考えは，各人の職業も神によって与えられたものとする(25   )を導き出し，神に与えられた職業に専念する(26   )と労働による収入を無駄にしない倹約を美徳とする独自の職業倫理を生み出していった。

❻ 19世紀のドイツの思想家(27   )は，このカルヴァン主義が近代資本主義の精神を形成していると『プロテスンタンティズムの倫理と資本主義の精神』の中で語っている。

3 ── 人間の観察

❶ 16〜17世紀のフランスを中心に，社会と人間を鋭く見つめ，自らの生き方を探求した(28   )とよばれる人たちが登場した。

❷ 宗教戦争の悲惨さを目の当たりにした(29   )は，スコラ哲学に代表される独断や理性の傲慢を批判するとともに，宗教的な(30   )の大切さを説いた。

❸ 彼のこの態度は，主著『(31   )』の中に書かれた「私は何を知っているか」という意味のフランス語「(32   )」という言葉に表れており，それは謙虚さとともにソクラテス的無知の知の表現でもあった。

❹ 科学者でもあった(33   )は，神と世界と人間に関する断片を『(34   )』に書き記した。彼は人間を無限と虚無，偉大と悲惨の間を揺れ動く(35   )ととらえたが，その不安な状態から逃れるために人は(36   )に走るのだという。

❺ また彼は，宇宙は自らの偉大さを自覚できないが，人間は自らの悲惨さを自覚できる。この自覚すなわち〈考える〉ということの中に，人間の尊厳があるというのが，「(37   )」という言葉の意味である。

❻ 彼は人間の精神を論理的な推理により数学的・科学的真理を求める(38   )と，柔軟で直観的な芸術的・文学的精神である(39   )とに分けている。

4 ── 科学的精神のめばえ

❶ 近代科学は，一般的には経験的事実や先行研究をもとに(40   )を立て，それを(41   )や観察によって検証する方法をとっている。

❷ ニュートンやホイヘンス，あるいはラボアジェやリンネなどの数学・天文学・物理学さらには生物学などの領域において，科学的方法が確立し，知識の体系化が進んだ17世紀の学問上の出来事を(42   )という。

❸ ポーランドの天文学者(43   )は，主著『(44   )』において，プトレマイオス以来の宇宙観であり，ローマ＝カトリック教会が支持している(45   )を批判して(46   )を唱えた。

❹ ドイツの天文学者(47   )は，地動説の立場に立って，惑星が楕円軌道を描いていることを発見した。

❺ 慣性の法則や落体の法則を発見したイタリアの(48   )は，望遠鏡によって地動説の正しさを証明し，主著『(49   )』にそれを記したが，異端審問所において異端であるとの判決を受けて，自説を撤回した。

❻ 先行する学問を受け継いで(50   )の法則を発見したイギリスの(51   )は，その力学および光学研究の成果を『(52   )』にまとめた。

13 科学技術と人間

1 ── 経験論
①**F. ベーコン**(16〜17C　イギリス)：『**ノヴム＝オルガヌム**(新機関)』
　　　　　　　　　　　　　　　『ニューアトランティス』
　(1)**経験論**：知識の源を理性による論理的推論以前の感覚的経験におく
　(2)**イドラ**(idola)：偶像というラテン語で，先入観・偏見という意味をもつ
　　a．**種族のイドラ**：自然の擬人化や錯覚のような人間に特有の先入観
　　b．**洞窟のイドラ**：性格や好みなどの，各人固有の特性からくる先入観
　　c．**市場のイドラ**：言葉のもつ不完全性や誤った言語使用からくる先入観
　　d．**劇場のイドラ**：権威ある学説や思想を無批判に信じ込むことからくる先入観
　(3)**帰納法**：実験・観察によって事実を集積して法則を発見する方法
　(4)科学的知識：
　　a．イドラを排して自然を冷静に観察しなければならない
　　　「自然は服従することによってでなければ征服されない」
　　b．科学的な知識→実生活に有効な知識
　　　「人間の知識と力は合一する」＝「**知は力なり**」
②その他の経験論哲学者
　(1)**ロック**(17〜18C　イギリス)：『人間悟性論』→人間の心は〈白紙＝**タブラ＝ラサ**〉
　(2)**バークリー**(17〜18C　イギリス)：「**存在するとは知覚されることである**」
　(3)**ヒューム**(18C　イギリス)：『人間本性論』
　　└心は実体ではなく，単なる〈知覚の束〉にすぎない→**懐疑論**に向かう

2 ── 合理論
①**デカルト**(17C　フランス)：『**方法序説**』『**省察**』『情念論』
　(1)**合理論**：知識の源を感覚的経験以上に人間が先天的にもつ理性の働きにおく
　　　　　　「**良識**(ボン＝サンス　理性)はこの世でもっとも平等に配分されている」
　(2)四つの規則→理性の正しい使い方
　　a．明証の規則：明晰・判明と理性が判断すること
　　b．分析の規則：問題や対象をできるだけ細分化すること
　　c．総合の規則：単純なものから複雑なものへと考察を進めること
　　d．枚挙の規則：見落としや誤りがなかったかを検証すること
　(3)哲学の根本原理
　　明晰・判明であること→一切の疑いを入れないこと→**そのためにすべてを疑う**

てみる→結果，疑いつつある自分は存在しているという事実は疑えない
　　　　∥　　　　　　　　∥
　　方法的懐疑　　「**われ思う，ゆえにわれあり（コギト＝エルゴ＝スム）**」
(4)**演繹法**：明晰・判明な事実から，推論によって個別的真理を導く方法
(5)**物心(心身)二元論**：物体と精神とは異なる原理の下にある実体だという思想
　　a．**物体**：**延長**(空間的な広がり)を属性とする実体
　　b．**精神**：**思惟**(考えること)を属性とする実体
　　　　※**実体**：他のものに依存せず，それ自体で独立して存在するもののこと
(6)**機械論的自然観**：精神と切り離された物体は，因果関係によって機械的に生成変化するという思想→**目的論的自然観**と対立する概念
(7)**近代的自我の成立**：コギトは自己を神によらず，意識としてとらえた
(8)倫理学：デカルトは懐疑の過程では仮の道徳に従っていた
　　a．能動的精神：真偽を判別し正誤を判断する**理性(良識)**
　　b．受動的精神：驚き・憎しみ・欲望・喜び・悲しみ・愛の六つの**情念**
　　c．**高邁の精神**：情念を統御する理性的な精神
②その他の合理論哲学者
　(1)**スピノザ**(17C　オランダ)：神は無限で永遠な実体であり，思惟と延長は神の属性であって，**神即自然**という**汎神論**を説く→真の認識は，「永遠の相の下で」万物を認識することを意味する
　(2)**ライプニッツ**(17〜18C　ドイツ)：万物は物質的なものから精神的なものまでを構成する究極的な実体である**モナド**(単子)で構成されている

3── 実証主義と進化論
①**実証主義**：神の存在や世界の目的を探る**形而上学**を否定し，実験や観察などの科学的方法を人間や社会の研究に取り入れた
　└**コント**(18〜19C　フランス)：近代社会学の創始者
　(1)人間の知識の発達段階
　　a．**神学的段階**：諸現象を神や超越者によって説明する段階
　　b．**形而上学的段階**：諸現象を抽象的な概念や論理で説明する段階
　　c．**実証的段階**：観察・実験・実証という科学的方法で説明する段階
　(2)**社会有機体説**：社会を生物的な有機体と見なし，その観点から社会を説明しようとする思想
②**進化論**：生物が下等なものから高等なものへと発展するという理論
　(1)**ダーウィン**(19C　イギリス)：『**種の起源**』
　　└**自然淘汰**によって生き残った生き物の形質が後の世代に受け継がれると説いた
　(2)**スペンサー**(19〜20C　イギリス)：社会も有機体のように環境に適合できたものだけが存続していくという**社会進化論**を説いた。

13 スピード・チェック
科学技術と人間

1 ── 経験論

❶ イギリスの思想家(1)は、『(2)』の中で知識の源泉は感覚的経験であると表明し、(3)の先駆者となった。

❷ 彼は、〈偶像〉という意味のラテン語(4)を〈先入観〉の意味として用い、その排除なしには学問は成り立たないと考えた。それには、錯覚や自然の擬人化のように人間に固有の思い込みに由来する(5)、言葉の不完全性や誤った使用に由来する(6)、個人的好みや性格に由来する(7)、そして権威ある学説や思想を無批判に受け入れる(8)の四つがある。

❸ 科学的知識とは、実験と観察によって事実を集積し、そこから導き出された法則あるいは真理でなくらばならない。この実験・観察の積み重ねにより法則を導き出す方法が(9)である。

❹ 「自然とは(10)することなしには征服されない」という言葉は、冷静な観察を求めるものであり、「(11)」という言葉は、そうした態度によって得られた知識こそが、真に自然を征服する力となるという意味である。

❺ 社会契約論でも知られた(12)は、『人間悟性論』において、人間の精神は生まれた時には〈(13)〉であり、知識はその紙に書きこまれていく経験だと考えた。

❻ イギリスの(14)は、「存在するとは知覚されること」ととらえ、(15)は自我あるいは心さえも単なる〈知覚の束〉だと考えた。

2 ── 合理論

❶ 知識の源泉を人間が生まれついてもっている理性的思考におく立場を(16)という。この立場の代表的思想家はフランスの(17)である。彼は理性のことを(18)とよび、それは「この世で最も公平に配分されている」と、その著『(19)』の中で語っている。

❷ だれもが公平に分けもつ理性を正しく用いるには、四つの規則がある。一つは事実が明晰・判明である〈(20)〉。二つ目は問題をできるだけ細かく分ける〈分析の規則〉。次は単純なものから複雑なものへと考察する〈(21)〉。そして見落としや間違いがないかを検証する〈枚挙の規則〉である。

❸ 知識や真理は、一切の疑いもはさまない明晰・判明なものでなければならない。そのためには、一度、すべてを疑ってみなければならない。この疑いは真理を求める方法として(22)という。

❹ そして、すべてを疑い尽くしてもそのように疑っているという事実だけは疑いえず、従って、いま疑いつつある自分は疑いもなく存在している。このことを彼は「(23)」と表現し、これを哲学の第一原理とした。

❺ 学問は明晰・判明な真理を第一原理とし、それを出発点として個別的な真理を導いていくが、この学問の方法が(24)である。

❻ 〈コギト〉にたどり着いたデカルトは，物体と精神とは異なる原理からなる二つの（25　）であると考え，物体の属性を(26　)，精神の属性を(27　)ととらえた。このように，世界を物体と精神の二つの実体・原理によって説明する立場を(28　)という。
❼ 精神と分離された物体は，機械的な因果関係によってのみ生成変化を繰り返すと考える(29　)をもたらし，キリスト教のように世界は一定の目的をもって動いているとする(30　)的自然観から脱することになった。
❽ キリスト教では，人間は〈神の似姿〉をもつものとしてとらえられてきたが，デカルトの〈コギト〉は，人間を意識としてとらえた。それは(31　)として新しい人間観を提示することになった。
❾ デカルトは理性（良識）を能動的精神，驚きや憎しみなどの(32　)を受動的精神とよび，これを理性的に統御する精神を(33　)とよんで評価した。
❿ オランダの哲学者(34　)は，デカルトの二元論を批判し，精神も物体も無限の可能性をもつ神の現れすなわち神即(35　)とする(36　)を展開し，認識も「永遠の相の下」での認識となると説いた。
⓫ ドイツの哲学者(37　)は，その著書『単子論』の中で，宇宙は何らかの精神作用をもつ実体(38　)によって形成されていると考えた。

3 ── 実証主義と進化論

❶ (39　)とは，神の存在証明や世界の目的といった形而上学的な学問を排し，人間や社会の事象に実験や観察といった方法を取り入れようとする立場で，フランスの思想家(40　)によって提唱された。彼は人間の知識の発達段階を神学的段階・形而上学的段階・(41　)に分けるとともに，社会を生物のような有機体と見なす(42　)を唱えた。
❷ 生物は環境に適応できた種だけが生き延びるという(43　)を示し，それによって優れた形質が残されていくという(44　)を説いたのは，イギリスの博物学者(45　)である。
❸ 社会有機体説と進化論を組み合わせ，社会進化論を説いたのはイギリスの思想家(46　)である。

14　近代民主主義思想と人権

1 ── 自然法思想と社会契約説
①自然法思想
　(1)**自然法**：人間の理性が導く普遍的な理法→人為的な**実定法**の理論的な基礎
　(2)思想家：**グロティウス**(17C　オランダ)：自然法・国際法の父→『**戦争と平和の法**』
②社会契約説
　(1)歴史的意義：**絶対王政**の理論である**王権神授説**に対抗し，**市民革命**の理論となる
　(2)基本概念
　　ａ．**自然状態**：各思想家によって想定された，国家・社会が成立する以前の状態
　　ｂ．**自然権**：人間が生まれついてもつ普遍的な権利で，今日の基本的人権にあたる

2 ── **ホッブズ**(16〜17C　イギリス)の思想
①自然状態から社会契約へ：『**リヴァイアサン**』
　(1)**自然権**：人間が自然状態でもつ**自己保存の欲求**→自然状態では自己保存のための争いが不可避的に生じる→「**万人の万人に対する闘争**」
　(2)**自然法**：平和を求める理性の声は〈自然法〉として，契約による国家の建設を要請
②国家の形態
　契約に際して各人は，国家に自然権を〈**譲渡**〉しなければならない→国家は強大な権力をもつ怪物〈**リヴァイアサン**〉となり，**専制君主国家**となる

3 ── **ロック**(17〜18C　イギリス)の思想
①自然状態から社会契約へ：『**統治論(市民政府二論)**』
　(1)**自然法**：自然状態でも自然法は支配しており，人々は自由で平等な状態にある
　(2)**自然権**：「人間は誰でも**生命・所有(財産)・自由**の権利をもつ」
②国家の形態
　(1)**社会契約**：自然権を守るために，生来の権利を放棄して契約によって国家を形成し，その国家に権利を〈**信託(委託)**〉する
　(2)**権力分立**：君主は執行(行政)権・連合(外交)権をもち，立法権は議会がもつ→
　　↓　憲法によって君主の権力を制限する**立憲君主国家**を主張
　　国民主権：国民の代表で構成される議会が君主の権力を制限する
③**抵抗権(革命権)**
　国家が権利を侵害したときには，抵抗することも国民の権利である→**名誉革命**の支持，**アメリカ独立宣言**や**フランス人権宣言**にも影響

4 ── フランス啓蒙思想とルソー

①**啓蒙思想**：無知に由来する因習や偏見などを，理性の光によって打破しようとする思想
　(1)フランス啓蒙主義：旧制度(アンシャン＝レジーム)の矛盾を批判した思想
　(2)思想家たち
　　　a．**モンテスキュー**(18C)：『**法の精神**』
　　　　　└ イギリスの議会制度から**三権分立**(司法権・立法権・行政権)を学ぶ
　　　b．**ヴォルテール**(18C)：『**哲学書簡**』『寛容論』
　　　　　┌ イギリスの経験論や自然科学的知識の刺激を受け，啓蒙活動を行う
　　　　　└ 宗教的偏見や教会の横暴を批判し，**寛容の精神**を説く
　　　c．**百科全書派**：合理的・進歩的な内容をもつ，啓蒙期の学問の集大成である
　　　　　　　　　　『**百科全書**』の編纂に関わった人々
　　　　　└ **ディドロ**(18C)：『百科全書』編纂の中心人物→唯物論的立場から無神論を説いて投獄される

②**ルソー**(18C　フランス)：『**社会契約論**』『**人間不平等起源論**』『エミール』
　(1)自然状態と文明
　　　a．自然状態：素朴な感情と知識をもち，**自己愛**と**同情(あわれみ)**に溢れた自由で平等な状態
　　　b．文明社会：私有財産制度の開始とともに，<u>不平等と不自由が生じる</u>
　　　　　　　　　　　　　　　　　　　　　　　　└「**自然に帰れ**」と叫ぶ
　(2)社会契約
　　　a．**自然的自由**の喪失を，契約によって**市民的自由**として回復する
　　　b．契約は共同体全体の福祉を目指す意志である〈**一般意志**〉に基づいて行われる
　　　　　　　　　　　　　　　　　　　↓
　　　　　個人の欲望を目指す**特殊意志**の総和である**全体意志**とは根本的に異なる
　(3)国家の形態
　　　a．**人民主権**：一般意志は分割したり譲渡したりはできないので，国民の意志が国家の意志となる
　　　b．**直接民主制**：国民が直接政治に参加する**直接民主国家**の形態をとる

5 ── 現代の社会契約説

①**ロールズ**(20C　アメリカ)：『**正義論**』
　〈**公正**〉**としての正義**：自由と平等を実現することが正義だとする考え
　　├ **無知のベール**がかけられた**原初状態**を想定し構成員の合意による正義を説く
　　├ 第一原理：**平等な自由の原理**→全員が基本的な自由を保障されること
　　└ 第二原理─┬ **機会均等の原理**：社会参加や競争の機会は均等であること
　　　　　　　　└ **格差原理**：<u>社会的に不利な立場の人々には是正措置をとること</u>
　　　　　　　　　　　　　　　　└ アファーマティブ＝アクション

14 スピード・チェック
近代民主主義思想と人権

1 ── 自然法思想と社会契約説

❶ 現実に施行されている法である(1　)の背後には，人間の理性によって導かれた普遍的な理法である(2　)が，理念として存在している。この理法を近代的なものとして示したのは，三十年戦争の悲惨さから『(3　)』を著したオランダの(4　)で，〈自然法の父〉や〈国際法の父〉といわれている。

❷ (5　)とは，個人の自由意志に基づく契約によって国家の成立を説明しようとする理論で，絶対王政の理論である(6　)に対抗し，市民革命の理論的根拠ともなっている。この思想的特徴は，人間が国家を形成する以前の(7　)を想定し，その状態であっても人間は生まれながらにして(8　)をもつとした点にある。

2 ── ホッブズの思想

❶ ピューリタン革命を経験した(9　)は，政治と一定の距離をとりながら，国家成立の経緯を理論的に説明しようとして『(10　)』を著わした。

❷ 彼は，人間は自然状態にあっても誰でも(11　)と自己実現の欲求を権利としてもっているが，心身の機能において平等に造られているため，「(12　)」あるいは「人間は人間に対して狼」という状態になる，と考えた。

❸ こうした状態の中で平和を命じる自然法に従って，人々は契約を結んで国家を成立させるが，その際，各人は権利を国家に(13　)しなければならない。それゆえ，彼の考える国家は『旧約聖書』の怪物〈(14　)〉となり，絶大な権力をもつ(15　)国家とならざるをえないのである。

3 ── ロックの思想

❶ ピューリタン革命で議会派として従軍し，王政復古後に亡命を余儀なくされた(16　)は，帰国後『(17　)』を著わして名誉革命を支持した。

❷ 彼は，自然状態を人々が自由と平等のうちに生命・(18　)・自由の権利をもつ平和な状態と考えたが，その権利を守るために契約によって共同体を構成し，その共同体に権利を(19　)することで，国家を成立させると考えた。そして，もし国家が権利を侵害するなら，国民は国家から権力を奪い，本来の権利を回復する(20　)あるいは革命権も権利であると考えた。

❸ 国家は国民の権利を保障することを任務とするため，三つの権力のうち(21　)は国民の代表で構成される議会に属し，執行権と連合権は国王に属する方が望ましいと考えた彼は，(22　)国家が理想の政治形態だと考えた。

4 ── フランス啓蒙思想とルソー

(1) フランス啓蒙主義
① イギリスのロックに始まるとされる(23　)は，理性に絶大な信頼をおき，理性によって無知に由来する因習や偏見を打破しようとする思想潮流である。
② フランスの(24　)は絶対王政を鋭く批判するとともに，ロックの権力分立の思想を，主著『(25　)』の中で立法権・司法権・行政権の(26　)の思想にまで高め，現代にまで大きな影響を与えている。
③ フランス啓蒙思想の代表者といわれる(27　)は，旧体制を批判して『(28　)』を著し，欧州各国に啓蒙専制君主を生み出す契機ともなった。
④ 18世紀後半，(29　)やダランベールたちによって刊行された『(30　)』は，幅広い学問と技術の集大成であるとともに，フランスの政治・社会への批判をも含んでいた。

(2) ルソーの思想
① 旧体制の中に生まれ，社会矛盾に疑問を抱いた(31　)は，出世作『(32　)』の中で，自然状態の人間は自己愛と(33　)に溢れた自由で平等な存在であったが，私有財産制度の出現とともに不自由と不平等が生まれたと考えた。彼が教育書『(34　)』の中で「(35　)」と叫んだのは，この自然状態を理想と考えたからである。
② 文明社会の中では自然状態の自由すなわち(36　)は得ることはできないと考えた彼は，契約によって(37　)を獲得する以外に方法はないと考えた。
③ 各人の自由意志によって成立した共同体は，それゆえ自己と一体化する。しかもその意志は，常に共同体全体の福祉を目指すものでなければならない。彼はその意志を(38　)とよび，個人的欲望に基礎をおく(39　)の総和である(40　)とは根本的に異なるものと考えた。この考えは彼の著書『(41　)』の中で語られており，国家の意志決定権はすべて国民にある人民主権と結びつき，国民が直接政治に参加する(42　)を理想の政治形態とするものであった。

5 ── 現代の社会契約説

① 現代アメリカで新社会契約説を説く(43　)は，自由な国である合衆国が不平等な社会現象を生み出していることを憂慮して『(44　)』を著した。
② 彼は，まず原初状態という社会契約説の思想を借り，各人が自分も他人も何ものなのかを知らない〈(45　)〉の中で〈(46　)としての正義〉を説く。
③ そして，全員が基本的な自由を保障されているという〈第一原理〉の上に立って，社会参加や競争の機会は平等であるという〈(47　)の原理〉および最も恵まれない人々の生活の改善につながる社会的不平等は許されるという〈(48　)原理〉を提唱した。

15 近代市民社会の倫理

1 ── ドイツ観念論(理想主義)

①**カント**(18〜19C):『**純粋理性批判**』『**実践理性批判**』『**判断力批判**』
　(1)**批判哲学**:理性そのものの検討によって,経験論と合理論を批判的に統合
　(2)**コペルニクス的転回**:認識の対象は主観によって構成されるとした
　(3)道徳論:
　　a.**実践理性**:霊魂の不滅や魂の存在などは実践理性が要請した
　　b.**道徳法則**:実践理性によって打ち立てられた普遍性をもつ行為の法則
　　ア.**定言命法**:ただ無条件に「為すべし」と命じる道徳法則の形式
　　イ.**仮言命法**:「〜なら為せ」という条件つきの命令で,道徳性はもたない
　　　　「汝の意志の格率が,常に同時に普遍的法則として妥当しうるように行為せよ」
　　c.自律と自由:**自律**とは理性が自己立法した道徳法則に自発的に従うことで,自律
　　　　　　　　的であるがゆえに,人間は**自由**なのだといえる
　　d.義務と善意志:道徳法則への尊敬の念から行為しようとすることが**義務**であり,
　　　　　　　　この義務に従って善を為そうとする意志が**善意志**である
　　　　　　　→行為の結果より動機を重んじる**動機説**の立場をとる
　　e.**人格**:自律的な主体のことで,人間は人格として尊厳をもつと考えた
　　　　　　「汝の人格や他のあらゆる人の人格の内にある人間性を,いつも同時に目
　　　　　　　的として扱い,決して単なる手段としてのみ扱わないよう行為せよ」
　　f.**目的の王国**:各人が互いに人格を目的として尊重する共同体のこと
　　　　→『**永久平和のために**』において,国際平和機関の設立を求めた

②**ヘーゲル**(18〜19C):『**精神現象学**』『**法の哲学**』
　(1)**弁証法**:矛盾と対立を契機として変化・発展する思考および存在の論理
　　a.**正**(定立　テーゼ):一つの立場を肯定する段階
　　b.**反**(反定立　アンチテーゼ):正を否定する段階
　　c.**合**(総合　ジンテーゼ):正と反とを高次の立場から総合(**止揚**)する段階
　(2)**精神**(理性):世界と歴史の中で自らの本質である自由を実現していく
　　┣**絶対精神**:世界と歴史を包括する絶対者
　　┗**世界精神**:歴史の主体として,歴史の中で自由を実現していく精神
　(3)倫理学:精神は法・道徳・人倫の三段階を経て,人間社会に自由を実現していく
　　a.**道徳**:自律的・主観的な内的規範 ─┐対立する両者を止揚(総合)して
　　b.**法**:強制的・客観的な外的規範 ──┘人倫が成立する

c．**人倫**　┬**家族**：自然な人間関係で愛の充足態──┐
　　　　　　　　└**市民社会**：契約で成り立つ**欲望の体系**─┴**国家**が両者を総合する
　③その他のドイツ観念論(理想主義)哲学者
　　　(1)**フィヒテ**(18〜19C)：カントの二元論を絶対我によって一元論に統一
　　　(2)**シェリング**(18〜19C)：自然と精神を包括する絶対者による統一を説く

2 ── **功利主義**(こうり)の思想

①先駆的思想
　アダム＝スミス(18C　イギリス)：『**国富論**』
　　(1)利己心に基づく営利行動は、〈**見えざる手**〉により社会全体の幸福に結びつく
　　(2)利己的行為を規制するのは第三者の**共感**
②**ベンサム**(18〜19C　イギリス)：『**道徳および立法の諸原理序説**(りっぽう)(じょせつ)』
　　(1)**功利の原理**：**快楽**と**苦痛**を善悪の基準とし、個人と社会の幸福の調和をはかる
　　　　　　　　　　　　　　　　　　　　　　　　　└「**最大多数の最大幸福**」
　　(2)**量的功利主義**：強さや範囲などの快楽の基準によって**快楽計算**が可能だとする考え
　　(3)**制裁(サンクション)**：快苦の源泉が同時に人間の行動に与える拘束のこと
　　　　└**自然的制裁・政治的制裁・道徳的制裁・宗教的制裁**の四つがある
③**J.S.ミル**(19C　イギリス)：『**功利主義**』『**自由論**』
　　(1)**質的功利主義**：快楽に質的差異を認め、精神的快楽を重視した
　　　　　　「満足した豚であるよりは、不満足な人間である方がよく、
　　　　　　　満足した愚者(ぐしゃ)であるよりは、不満足なソクラテスの方がよい」
　　(2)**黄金律**(おうごんりつ)：イエスの「自分を愛するように、汝(なんじ)の隣人を愛せよ」を理想とした
　　(3)内的制裁：道徳的義務に反したときに感じる〈**良心**〉の痛みを重視した
　　(4)自由論：他人に危害を加えない限り自由に幸福を追求できる＝**他者危害の原則**

3 ── プラグマティズムの思想

①自由・独立の気質を特質とする**フロンティア精神**─┐
　博愛・勤勉・倹約を美徳とする**ピューリタン精神**─┼を核としながら行動(**プラグマ**)
　実生活に密着したイギリス経験論の思想─────┘を重視する思想を生み出す
②思想
　　(1)**パース**(19〜20C　アメリカ)：
　　　　└旧来の形而上学を批判する〈**形而上学クラブ**(けいじじょうがく)〉を作り、概念の明確化をはかる
　　(2)**ジェームズ**(19〜20C　アメリカ)：『**プラグマティズム**』
　　　　└生活上の問題の解決に有効な知識こそが真理といえる→〈**真理の有用性**〉
　　(3)**デューイ**(19〜20C　アメリカ)：『**民主主義と教育**』『**哲学の改造**』
　　　　a．**道具主義**：知識や理論は、具体的生活の中で生起する問題を解決していくための
　　　　　　　　　　　道具であるという考え
　　　　b．**創造的知性(実験的知性)**：社会や生活の改善に方向性を与える知性
　　　　c．**問題解決学習**：教育活動とは、生活の中の問題を解決する能力の開発である

15 スピード・チェック
近代市民社会の倫理

1 ── ドイツ観念論（理想主義）

❶『(1   )』の中で理性そのものの批判と検討を通して，経験論と合理論の統合をはかった(2   )の哲学は(3   )とよばれている。その認識論は，認識は主観が対象を構成することで成立すると考え，それを〈(4   )〉とよんだ。

❷ 彼は『(5   )』で道徳論を展開した。それは自己立法した普遍的な行為の法則である(6   )は，「為すべし」という無条件の命令である(7   )となり，「汝の意志の(8   )が普遍的立法に妥当するように行為せよ」という命題を導く。そして，道徳法則が無条件の命令で成り立つということは，「〜だから為せ」という条件つきの(9   )による行為は道徳的でないことになる，という考えである。

❸ 自己立法した法則に自らが従うことを(10   )というが，それは自己以外のものに拘束されないという意味で自由ともいえる。そして，この自律的で自由な主体を彼は(11   )とよび，人間の尊厳性の基礎とした。それは，人格は「常に同時に(12   )」として扱われなければならず，決して「単なる(13   )としてのみ」扱われてはならないという主張となる。

❹ 行為の結果を考えず，道徳法則への尊敬の念から行為することは(14   )であり，この義務を果たそうとする意志が(15   )であって，彼の道徳は結果よりも(16   )を重んじる立場に立つ。

❺ かくして，各人が互いの人間性を目的とする理想の社会は〈(17   )〉とよばれるが，彼はそれを国際社会にまで広げて，その著書『(18   )』で国際平和機関の設立を提唱している。

❻ ドイツ理想主義の完成者(19   )は，主著『(20   )』において，自然と世界は(21   )を本質とする最高原理である(22   )によって動かされているという。

❼ 彼によれば，世界を動かしている精神は法と(23   )の対立を(24   )において総合するが，それも〈愛の充足態〉である(25   )と〈欲望の体系〉である(26   )の対立を(27   )において総合することで，自由を実現するという。このように，矛盾と対立をより高い立場から総合すなわち(28   )する，変化と発展の法則をヘーゲルは(29   )とよんでいる。

2 ── 功利主義の思想

❶ 功利主義の先駆となった古典派経済学の(30   )は，『(31   )』の中で人間の利己心を肯定し，利己的な利潤追求も神の〈(32   )〉によって調整され，公平な第三者の(33   )が利己的行為に規制をかけていると語っている。

❷ 功利主義の体系化をはかった(34   )は，善悪の基準を(35   )におき，これによって個人的幸福と社会的福祉の調和を目指すことが(36   )の原理だと『(37   )』の中で語っている。

❸ 彼は，快楽を量的に計算できるという(38)の立場に立ったが，それはより多くの人により大きな幸福を願う「(39)」という言葉として示されている。
❹ また，快楽にはさまざまなものがあるが，それも行きすぎによる限界をもっている。この限界が人に苦痛という(40)をもたらすことになる。彼はそれを(41)・政治的・道徳的・(42)なものに分け，政治的なものを重視した。
❺ ベンサムの後継者(43)は，その著書『(44)』において，快楽に質的差異を認めて精神的な快楽を重視し，「満足した豚であるよりは，不満足な(45)である方がよく，満足した愚者であるよりは，不満足な(46)の方がよい」と語っている。そして，「自分を愛するように，汝の(47)を愛せよ」というイエスの(48)を功利主義の理想とし，(49)の痛みを内的制裁とした。
❻ また彼は著書『(50)』において，多数の力で個性を圧迫する民主主義の弊害を指摘し，他者に危害を及ぼさない限り自由に幸福を追求することができるという〈(51)〉を主張した。

3 ── プラグマティズムの思想

❶ プラグマティズムは経験論の系譜を受け継ぎ，アメリカ独立時の(52)精神とカルヴァン主義を土台とする(53)精神とを基礎として生まれた思想で，〈(54)〉というギリシア語は〈行動〉を意味している。
❷ プラグマティズムの先駆となった(55)は，旧来の形而上学を批判するために〈(56)〉を作り，概念や観念のもつ役割の明確化を行った。
❸ その考えを受け継ぎつつ，理論や学問は生活上の困難や問題の解決に有効であるときはじめて真理の名に値するという〈(57)〉を唱えたのは，『(58)』という著作でプラグマティズムという言葉を使用した(59)であった。
❹ これら二者の思想を継承し，『(60)』や『哲学の改造』によって，プラグマティズムを大成したのが(61)である。
❺ 彼はジェームズの思想を引き継いで，知識や学問は生活上の困難を克服するための〈(62)〉だとする(63)を唱え，学問のための学問を批判した。そして，生活をより善いものへと改善し，未来を展望していくのに方向性を与える知性を(64)あるいは実験的知性とよんで重視した。
❻ このように考えた彼は，教育も単なる知識の詰め込みではなく，〈為すことによって学ぶ〉ことが大切だと考えた。それは生活の中に生起する問題を解決する能力を育てることを目的とするもので，彼はそれを(65)とよんだ。

16 人間性の回復を求めて

1 ── 社会主義の思想

①**社会主義**の登場：産業革命→**資本主義**社会の登場→私有財産制度と自由競争による貧富差の拡大→社会改革を求める思想が登場

②**空想的社会主義**：労働者の窮状を人道的立場から改善しようとする立場
 (1) **オーウェン**(18〜19C　イギリス)：実業家・労働運動の指導者
  ニューラナーク紡績工場やアメリカの**ニューハーモニー村**で理想社会を実験
 (2) **サン＝シモン**(18〜19C　フランス)：〈産業人〉の協同による理想社会を目指す
 (3) **フーリエ**(18〜19C　フランス)：農村的共同社会〈**ファランジュ**〉を提唱

③**科学的社会主義**：資本主義の科学的分析によって、社会革命の必然性を説く
 (1) 思想家：**マルクス**(19C　ドイツ)：『**資本論**』『**経済学・哲学草稿**』
     エンゲルス(19C　ドイツ)：『**共産党宣言**』共著　『空想から科学へ』
 (2) マルクス主義思想
  a．**労働の疎外**：生産物からの疎外、労働からの疎外、類的存在からの疎外、人間からの疎外
  b．**唯物史観(史的唯物論)**：社会は**生産力**と**生産関係**という**下部構造**(土台)の上に政治・教育制度などの**上部構造**が構築される
  c．**階級闘争**：歴史は**生産手段**の所有者と**労働力**の提供者の闘いの歴史である

④マルクス主義の継承と修正
 (1) マルクス＝レーニン主義
  a．**レーニン**(19〜20C　ロシア)：マルクスの理論に基づき、**ロシア革命**を指導
  b．**毛沢東**(19〜20C　中国)：自由主義者とともに新民主主義革命を行う
 (2) 修正社会主義：議会制民主主義による漸進的な社会主義を目指す思想
  a．**ベルンシュタイン**(19〜20C　ドイツ)：プロレタリア独裁によらない社会主義＝**社会民主主義**を目指す→ドイツ社会民主党に影響
  b．**フェビアン社会主義**：**フェビアン協会**を中心に、社会保障制度の充実による社会主義を目指す→イギリス労働党
   思想家：**ウェッブ夫妻**(19〜20C　イギリス)：シドニーとベアトリスの夫妻
     バーナード＝ショウ(19〜20C　イギリス)：劇作家

2 ── 実存主義の思想

①背景：資本主義の発達→科学と組織の時代が到来→人間の没個性化と人間疎外の発生
 実存主義：人間に**主体性**を取り戻し、個別的・具体的な自分＝**実存**のあり方を探求

②実存主義の先駆
　(1)**キルケゴール**（19C　デンマーク）：『**死に至る病**』『**あれか，これか**』『**不安の概念**』
　　a．**主体的真理**：「**私にとって真理であるような真理**」を求める
　　b．**絶望**：神との関係を見失って，自分が何ものであるかが分からない状態
　　c．**実存の三段階**：
　　　ア．**美的実存**：享楽と欲望のままに生きる段階
　　　イ．**倫理的実存**：享楽の人生ではなく，良心的な生き方を求めようとする段階
　　　ウ．**宗教的実存**：享楽的・良心的人生に絶望し，罪の自覚をもって〈**単独者**〉として神の前に立ち，信仰へと飛躍しようとする段階
　(2)**ニーチェ**（19C　ドイツ）：『**ツァラトゥストラはこう語った**』『**力への意志**』『**悲劇の誕生**』
　　a．現代は価値を見失った**ニヒリズム**が充満→原因は弱者の怨念（**ルサンチマン**）によって成り立つ**奴隷道徳**としてのキリスト教である
　　b．「**神は死んだ**」としてキリスト教的価値を否定→神なき世界は**永劫回帰**のうちにある→それでもなお**運命愛**をもって自らの人生を引き受ける必要がある
　　c．人間の生は本来，自己を高め価値を創造する**力への意志**をもっている→獅子の精神と小児の心をもって，運命愛と価値創造に生きる**超人**こそが理想である
③現代の実存主義
　(1)**現象学**：**フッサール**（19〜20C　ドイツ）は，事実の**判断中止（エポケー）**によって，現象をあるがままに受け入れることを提唱→実存哲学に影響
　(2)**ハイデッガー**（19〜20C　ドイツ）：『**存在と時間**』
　　a．人間は存在の意味を問うことのできる存在＝**現存在（ダーザイン）**→他の存在者と関係しつつ生きる〈**世界−内−存在**〉でもある
　　b．**ひと（ダス＝マン）**：本来的自己の了解を怠り（**存在忘却**），日常性に埋没した人々
　　c．自らが〈**死への存在**〉であることを自覚し，良心の声に耳を傾けねばならない
　(3)**ヤスパース**（19〜20C　ドイツ）：『**理性と実存**』『哲学』
　　a．**限界状況**：人間を取り巻く〈**死・苦悩・争い・罪**〉といった不可避の状況のこと
　　　　　　　　　人間はこの状況の中で**超越者（包括者）**を感じ取ることができる
　　b．**実存的交わり**：限界状況の中で，〈**愛しながらの闘い**〉のうちに，超越者のもとへ立ち帰ろうとする実存相互の交わり
　(4)**サルトル**（20C　フランス）：『**存在と無**』『**実存主義はヒューマニズムである**』
　　a．「**実存は本質に先立つ**」：人間はまず存在し，その後に自らを作っていく
　　b．自分を作る**自由**は，自己の選択と決断を必要とし，それが他者への**責任**を生み出す→「**人間は自由の刑に処せられている**」
　　c．**社会参加（アンガージュマン）**：自分を社会に拘束し，参加させていく必要がある
　(5)その他の実存主義者
　　a．**ボーヴォワール**（20C　フランス）：『**第二の性**』→ジェンダー論で女性解放を訴え
　　b．**カミュ**（20C　フランス）：『シーシュポスの神話』→人生の**不条理**を直視
　　c．**メルロ＝ポンティ**（20C　フランス）：身体を思想として正面からとらえる

16 スピード・チェック
人間性の回復を求めて

1── 社会主義の思想

(1) 空想的社会主義
❶ 初期資本主義社会において，困窮する労働者のために人道的立場からの救援を行ったのは，(1   )あるいはユートピア社会主義とよばれる思想であった。
❷ イギリスの(2   )はアメリカにニューハーモニー村という理想の共同体を建設し，フランスの(3   )は〈産業人〉たちの協同による社会を目指し，同じくフランスの(4   )は農村的共同社会〈(5   )〉を提唱して，それぞれの理想の実現に向かったが，ともに失敗に終わった。

(2) 科学的社会主義
❶ 『(6   )』の中で資本主義経済の構造を分析した(7   )は，生涯の盟友(8   )とともに『(9   )』を著わし，世界の労働者に団結をよびかけた。
❷ 彼らの理論によると，資本主義社会では労働者は働けば働くほど人間性を喪失する(10   )という状況に陥るという。
❸ (11   )とは，世界は自ら発展する物質の自己展開ととらえる唯物論的弁証法を歴史にあてはめた理論で，歴史と社会は(12   )と生産力という(13   )あるいは土台を基礎とし，その上に政治制度や教育制度などの(14   )が構築されているという考えによって成り立っている。
❹ そして，現実の歴史は(15   )の所有者である支配者と労働力の提供者である被支配者との(16   )闘争の歩みだと考えた。

(3) マルクス主義の継承と修正
❶ ロシア革命を指導した(17   )も，中国の実情に合わせて独自の革命理論を構築した(18   )も，ともにマルクスの革命理論の支持者であった。
❷ ドイツ社会民主党の理論的指導者(19   )は，議会制度を通して漸進的に社会主義を実現する(20   )の路線を唱え，マルクス主義に反対した。
❸ (21   )夫妻や劇作家(22   )を中心に形成された(23   )は，議会を通して資本主義社会の弊害を修正しながら，ゆっくりと社会主義を実現しようとしたため，彼らの社会主義は(24   )とよばれ，イギリス労働党の先駆となった。

2── 実存主義の思想

(1) 実存主義の先駆
❶ 資本主義社会の登場は人間の没個性化や画一化さらには人間疎外を生み出したが，実存主義はそうした状況にある個別的・具体的な人間を(25   )とよび，人間に(26   )を取り戻そうとする思想潮流である。
❷ 『(27   )』の中であれもこれも説明し尽くそうとするヘーゲル哲学を批判した(28   )は，「私にとって真理であるような真理」すなわち(29   )を求めた。

❸ 『(30   )』の中で人が神との関係を見失っている状態を(31   )とよんだ彼は，真の自己を取り戻すためには享楽と欲望のままに生きる(32   )，良心的に生きようとする(33   )の各段階を経て，自らが罪であることを自覚し，神の前に一人立つ(34   )として生きる(35   )の段階に至らねばならないと考えた。

❹ 現代を価値の喪失した(36   )の時代だと見た(37   )は，その原因を弱者の怨念すなわち(38   )によって作られたキリスト教にあるとし，その道徳を(39   )とよんだ。そして，「(40   )」と宣言してキリスト教的価値を否定した彼は，神なき世界は始めも終わりもない(41   )の内にあるが，それでもなお自己の人生を引き受ける情熱すなわち(42   )をもたねばならないと説いた。

❺ かくして，運命に対する情熱と創造に向かう強い意志である(43   )をもちつつ，つねに自己を超え出ていこうとする人間を，彼は(44   )とよんで理想的人間と考えた。

(2) **現代の実存主義**

❶ 眼前の現実に対する判断中止(エポケー)を通して，現実をありのままに受け入れる(45   )を提唱した(46   )は，現代実存主義に大きな影響を与えた。

❷ 『(47   )』の著者である(48   )は，人間を自らの存在の意味を問うことができるという意味で(49   )とよんだが，その人間は他の存在者と関係しながら(50   )というあり方を特徴としてもっていると考えた。

❸ しかし，多くの現代人は本来的な自己のあり方を了解しない(51   )の状態にあり，日常性の中に埋没した〈(52   )〉というあり方に堕している。この状態を脱するためには，自らは〈(53   )〉であり，有限な存在であるということを自覚し，良心の声に耳を傾けて生きることだ，と彼は語っている。

❹ 『理性と実存』の著者(54   )は，人間は何らかの状況を生きているが，死や(55   )や争いや罪といった状況は避けることができない。彼はこの不可避の状況を(56   )とよび，この状況の中で〈愛しながらの闘い〉を特質とした交わりすなわち(57   )によって超越者を感じ取り，実存としての自己を開明するのだという。

❺ 人間はまず存在し，その後あるべき自分を作っていくのだと考えた(58   )は，それを「(59   )」と表現した。そして，自由な自己の選択は自分を取り巻く人々に対する責任を生みだす。その意味で「人間は(60   )に処せられている」と彼は言う。そして，自己形成は自分を取り巻く社会に自らを拘束することなしにはありえない。これを彼は社会参加すなわち(61   )とよんだ。

❻ その他，サルトルの配偶者(62   )は『第二の性』でジェンダー論を展開し，サルトルの論敵(63   )は世界を不条理ととらえ，それをたくましく生きることを提唱し，(64   )は知覚としての身体を通して世界を理解しようとした。

17 ヒューマニズムと現代への批判

1 —— 現代のヒューマニズム
①平和と非暴力主義
　(1)**ガンディー**(19〜20C　インド)：自治独立・国産愛用（スワラージ・スワデーシ）を掲げて独立運動を行う
　　├─**サティヤーグラハ(真理把持)**：根源的真理を把握することで民族独立を目指す
　　├─ブラフマチャリヤー(自己浄化)：心身における禁欲と浄化をはかる
　　└─**アヒンサー(不殺生)**：すべての生き物を傷つけない→**非暴力・不服従**
　(2)**キング牧師**(20C　アメリカ)：『私には夢がある』
　　└─愛と非暴力による黒人解放運動＝**公民権運動**を展開
②人類愛と生命への畏敬
　(1)**シュヴァイツァー**(19〜20C　フランス)：『水と原生林の間で』『文化と倫理』
　　└─生命あるものすべてに対する神の愛と**生命への畏敬**を説く
　(2)**マザー＝テレサ**(19〜20C　旧ユーゴ)：インドのコルカタで孤児・貧者・病者の救済
　　　　　　　　　　　　　　　　　　　に当たる→罪とは他者の悲しみに**無関心**であること

2 —— 現代文明への批判と新しい知性
①**フランクフルト学派**からの批判
　　└─批判理論をもとに，ナチズムや既成の権威および人間の管理化を痛烈に批判
　(1)**ホルクハイマー**(19〜20C　ドイツ)：『**啓蒙の弁証法**』(アドルノとの共著)
　　└─近代理性は批判能力を失い，科学・技術の道具(**道具的理性**)になっている
　(2)**アドルノ**(20C　ドイツ)：『権威主義的パーソナリティ』(フロムとの共著)
　　└─ファシズムの温床は大衆の中にある，強者に卑屈で弱者に傲慢となる〈**権威主義的性格**〉にあると指摘した
　(3)**フロム**(20C　アメリカ)：『**自由からの逃走**』
　　└─自由を獲得した現代人は，不安と孤独から自ら拘束を求めていると指摘
　(4)**ハーバーマス**(20C　ドイツ)：『公共性の構造転換』『コミュニケーション的行為の理論』
　　└─社会規範成立には政治や経済による自動調整的なシステム合理性ではなく，成員の十分な**討議**と**合意**による**コミュニケーション的合理性**が必要
　　　　└─それには権威や権力が介入しない**公共的空間**と**対話的理性**が重要である
②**構造主義**からの批判
　　└─人間は理性的活動以前に，社会組織などの**構造**の影響を無意識に受けるという思想
　(1)**ソシュール**(19〜20C　スイス)：個人の発話行為(**パロール**)は，その社会がもつ言語

体系(**ラング**)によって規定されているとした
- (2)**レヴィ＝ストロース**(20C　フランス)：『**野生の思考**』『**悲しき熱帯**』
  - ─文明社会は抽象的思考を特徴とし，未開社会は具体的な思考(**野生の思考**)を特徴とするが，いずれもそれぞれに独自の論理と構造をもつと指摘
  - ─ただ，野生の思考には自然への畏敬(いけい)が含まれるとし，西欧文明を批判
- (3)**フーコー**(20C　フランス)：『**狂気の歴史**』『**言葉と物**』『**監獄の歴史**』
  - ─近代社会は**権力**と知とが結合し，思考が無意識の内に支配されていると指摘
    - ─権力に不当とされたものは**狂気**とされた→権力は社会の諸制度を通して人々に従順化を促し，人々は無意識の内に自己規律化をはかるようになる

③その他の思想家からの批判
- (1)**ベルクソン**(19～20C　フランス)：『**創造的進化**』
  - ─宇宙に生まれた生命の躍動(**エラン＝ヴィタール**)を感じ取り，人類を同胞として受け入れるような〈開かれた社会〉を創造しなければならない
- (2)**ウェーバー**(19～20C　ドイツ)：現代の**官僚制**(ビューロクラシー)は，組織運営の合理化を促すとともに，人間の歯車化という非合理ももたらしている
- (3)**ウィトゲンシュタイン**(19～20C　オーストリア)：『**論理哲学論考**』
  - ─「**語りえぬものについては，沈黙せねばならない**」として，事象と対応関係をもたない神や道徳的価値などを哲学から排除
  - ─**言語ゲーム**……日常生活の会話は，一定の規則に従ったゲームとして成り立つ
    →言語や命題の有意味性を探求する**分析哲学**
- (4)**ポパー**(20C　イギリス)：科学的思考とは誤りのなさではなく，**反証可能性**をもつことだとした
- (5)**クーン**(20C　アメリカ)：科学上の革命は事実の連続的な積み上げではなく，その時代の科学的モデルである〈**パラダイム**〉の転換によると主張
- (6)**レヴィナス**(20C　フランス)：『**全体性と無限**』
  - ─自分を中心に全体化した存在(**全体性**)に固執せず，自分にとって絶対的に**他者**として迫ってくる存在(**顔**)の苦痛を受け入れる倫理的主体の確立を主張
- (7)**ハンナ＝アーレント**(20C　ドイツ)：『**人間の条件**』『**全体主義の起源**』
  - ─行為→**労働**(生命維持行為)・**仕事**(文化的行為)・**活動**(共同体形成行為)
  - ─固定的な原理を優先する**全体主義**は，多様な意見や自由な発想を抑圧する
- (8)**デリダ**(20～21C　フランス)：西欧哲学の基礎であるロゴス中心主義や神中心主義などをいったん崩して(**脱構築**)，新たな哲学を構築しようと提案

3 ── 新しい社会像

①**リバタリアニズム**(自由至上主義)：市場経済の優位を説くハイエクや，自己の身体と財産の権利に国家の不介入を説くノージックらがいる

②**コミュニタリアニズム**(共同体主義)：個人をつねに共同体とその中の価値観の関係でとらえる立場で，**サンデル**やマッキンタイアらがいる

17 スピード・チェック
ヒューマニズムと現代への批判

1 — 現代のヒューマニズム

❶ 〈マハトマ（偉大な魂）〉といわれた(1　　)は，インド独立のためには宇宙の真理を把握すること，すなわち(2　　)が必要だと考えた。それには(3　　)という魂の浄化が必要であり，ひいては生き物を傷つけたり殺さないこと，すなわち(4　　)の実践が必要だと考えた。それが，具体的には(5　　)・不服従の運動となったのである。

❷ アメリカの黒人解放運動の指導者(6　　)は，『私には夢がある』という演説を行い，黒人に国民としての当然の(7　　)を与えよと訴えた。

❸ アフリカのランバレネで医療に従事した(8　　)は，『文化と倫理』の中で，人間は「生きようとする生命に囲まれた生きようとする生命」だとして，生命に対する敬いと畏れである(9　　)を説いた。

❹ 旧ユーゴ出身の(10　　)は，インドのコルカタに〈死を待つ人の家〉などを建て，貧者や病者の救済に努めたが，彼女は罪とは他者の不幸に(11　　)であることだと語っている。

2 — 現代文明への批判と新しい知性

(1) フランクフルト学派からの批判

❶ ドイツのフランクフルト大学の社会研究所の中心人物(12　　)は，『啓蒙の弁証法』において，近代理性は科学・技術に従属する(13　　)になり下がり，人間性を抑圧するものへの批判を忘れてしまっていると語った。

❷ 『啓蒙の弁証法』の共同著者でもある(14　　)は，ファシズムを支持した大衆の心理には，強者に卑屈・弱者に傲慢という(15　　)が潜んでいると指摘した。また，彼と共同研究を行った(16　　)は，その著『(17　　)』の中で，現代人は自由を重荷に感じて新たな束縛を求めていると，その危険性に警告を発した。

❸ 学派の第二世代に当たる(18　　)は，社会規範の成立には成員の十分な討議と(19　　)に基づく(20　　)が必要であり，そのためには権威や権力を排除した公共的空間と(21　　)が必要だと考えた。

(2) 構造主義からの批判

❶ スイスの言語学者(22　　)は，個人の発話行為であるパロールは，その社会の言語体系である(23　　)によって規定されているとし，構造主義思想に影響を与えることになった。

❷ フランスの構造主義哲学者(24　　)は，抽象的・科学的思考を特徴とする文明社会も，自然的・具体的な思考を特徴とする未開社会も，それぞれ独自の論理と(25　　)をもっていると指摘した。そして，文明社会の思考が〈栽培された思考〉であるのに対して，未開社会の思考は〈(26　　)〉であり，自然や感覚的経験を基礎にしているだけに自然への畏敬に溢れていると指摘している。

❸ 近代西欧社会の成立を〈知〉の形成過程を通してとらえようとしたフランスの(27　　)は，

権力と知が結合し無意識のうちに人々の思考は規制されるようになったと指摘する。そして彼は『(28)』の中で，権力にとって不当とされたものは(29)とされて社会から隔離・排除されてきたという。さらに，『(30)』の中では，権力は社会の諸制度を通して人々に従順化を促し，民衆は無意識のうちに自己規律化をはかるようになっているとも語っている。

(3) その他の思想からの批判

❶〈生の哲学〉を説いたフランスの(31)は，その著書『(32)』の中で，宇宙の始まりに生まれ出た生命の躍動すなわち(33)を感じ取ることで，人類を同胞として受け入れる〈開かれた社会〉を目指さなければならないと考えた。

❷ ドイツの哲学者・社会学者(34)は，巨大組織の効率的運営の必要性から生まれ出た(35)は，効率化・合理化を求めるあまり人間の〈歯車化〉という非人間化をもたらしていると批判した。

❸ オーストリアの哲学者(36)は，「語りえぬものについては，(37)せねばならない」と語り，事象と対応関係をもたない神や道徳的価値などを哲学的課題から排除するとともに，日常会話を一定のルールに従った(38)ととらえ，言語や命題の有意味性を探求する(39)の一翼を担った。

❹ イギリスの(40)は，科学的思考とはその思考の中に(41)をもっていることだとした。またアメリカの科学史家(42)は，科学上の革命は科学的事実の積み上げによって起こるのではなく，その時代の科学的モデルである(43)の劇的な変換によって生じるのだと語っている。

❺ フランスの思想家(44)は，その著書『(45)』の中で，自己とは絶対的に異なる他者の他者性を〈(46)〉とよび，それを迎え入れることで自己を中心に築かれた世界に固執する者に倫理的な出口を与えることができるという。

❻ ドイツの思想家(47)は，その著書『(48)』において人間の行為を〈労働〉と〈仕事〉と権威や権力が介入しない公共的空間での討論である〈(49)〉とに分け，近代社会は後者が困難な状況にあるという。そのことが，結局，多様な意見を封じ込める(50)の危険性を予感させると語っている。

❼ フランスのポスト構造主義の一翼を担う(51)は，西欧哲学の基礎を一旦崩す(52)を唱えた。

3 ── 新しい社会像

❶ 近年，市場経済の優位や財産や権利への国家の不介入を説くハイエクやノージックたちの(53)という考え方が登場してきた。

❷ 個人をつねに共同体との関係でとらえようとするサンデルやマッキンタイアたちの(54)も新たな社会像を示している。

18 生命と環境

1 —— 生命倫理

①**生命倫理学(バイオエシックス)**の登場
　(1)背景：医師の知識・技術と患者の**自己決定権**が対立→患者は医師から十分な説明を受けた上で治療や投薬を受ける**インフォームド＝コンセント**が普及
　(2)生命倫理学の基本事項
　　a．**生命の尊厳**(sanctity of life　SOL)：生命そのもの，あるいは生きていることそのものに価値をおく立場
　　b．**生命(生活)の質**(quality of life　QOL)：いかに生きるかという，生活あるいは人生の質を重視する立場

②生命倫理をめぐる現状
　(1)生殖医療と出生前診断
　　a．**生殖医療**：**人工授精**や**体外受精**などが行われている→近年では**代理母**による**代理出産**も行われている
　　b．**出生前診断**：胎児の障害の有無や男女の性別診断に利用されている
　(2)**生命工学(バイオテクノロジー)**の発達
　　a．**遺伝情報**：人間の遺伝子DNAの全体である**ヒトゲノムの解読**を通して，**遺伝子治療**や**遺伝子組み換え作物**などの開発に利用
　　b．**クローン技術**：ある個体と同じ遺伝子をもつ個体を作る技術→**クローン羊ドリー**の誕生→日本では**クローン技術規制法**で人間のクローンを禁止
　　c．**再生医療**：あらゆる細胞に分化できる**幹細胞**を利用して臓器を再生する
　　　├**ES細胞**(胚性幹細胞)：受精卵を使用して作られる幹細胞→倫理的な問題
　　　└**iPS細胞**(人工多能性幹細胞)：体細胞を使用して作られる幹細胞
　(3)**臓器移植**：心臓・肝臓・腎臓・皮膚・網膜などの臓器の移植のこと
　　　├提供者(**ドナー**)の意思表示(不明の場合は家族の意思)と家族の同意が必要
　　　└**ドナーカード**：ドナーの生前の意思(**リヴィング＝ウィル**)を表示

③死をめぐる現状
　(1)死の判定：心臓停止・呼吸停止・瞳孔散大に**脳死**(臓器移植の場合)が加わる
　(2)**尊厳死**：必要以上の延命措置を取らず自然に死んでいくこと＝自然死
　　安楽死：苦痛からの解放のために本人の意思に基づいて死に至らしめること
　(3)**終末期(末期)医療**：末期患者に人間らしい死を迎えさせようとする医療
　　　└**ホスピス**：末期患者に疼痛緩和を行い，QOLを重視しながら精神的ケアを中心に行う医療施設

2 ── 環境倫理

①環境問題の現状：環境問題は，破壊・汚染の種類と現象，および具体的事象からなる
 (1)環境破壊・環境汚染の種類：大気汚染・水質汚濁・土壌汚染
 (2)環境破壊・環境汚染の現象
  a．**生態系(エコシステム)** の悪化：一定地域に棲息(せいそく)する生物と環境との相互関連システムが悪化→物質とエネルギーの循環を促(うなが)す**食物連鎖**に悪影響
  b．生物種の減少：多様な生物で成り立つ地球生態系における生物種が減少している
  c．資源の枯渇(こかつ)：地下資源・森林資源・海洋資源などが漸進的(ぜんしん)に減少しつつある
  d．廃棄物の累積：自然浄化・再生できない物質の累積が進んでいる
 (3)代表的な環境破壊・環境汚染
  a．**酸性雨**：窒素化合物や硫黄化合物を含む雨や雪によって森林や耕作地に被害
  b．**オゾン層の破壊**：フロンガスによるオゾン層の破壊で皮膚ガンなどの被害
  c．**地球温暖化**：二酸化炭素などの温室効果ガスで地球全体の気温が上昇
  d．**砂漠化**：過放牧や過剰な灌漑(かんがい)や焼畑などが表土を流出させ，耕作地が減少

②環境問題への取り組み
 (1)環境問題への警告
  a．〈**宇宙船地球号**〉：地球は宇宙船で人類はすべて乗組員と見なし，環境問題への取り組みを促す→**K. ボールディング**の言葉
  b．『**沈黙の春**』：農薬の生体濃縮による危険性と生態系の危機を訴えた
   →**レイチェル＝カーソン**の著作
  c．**土地倫理**：生態系の総称としての「土地」を敬うべき→**レオポルド**の主張
  d．**共有地の悲劇**：土地のもつ許容量を道徳の基準とすべき→**ハーディン**の説
 (2)国際的取り組み
  a．1971年 **ラムサール条約**：水鳥の生息地である湿地帯の保護を訴える
  b．1972年 **国連人間環境会議**：〈**かけがえのない地球**〉をスローガンに議論
  c．1992年 **地球サミット(国連環境開発会議)**：〈**持続可能な開発**〉がスローガン
   └**リオ宣言**：持続可能な社会を目指すことが目標に
  d．同年 **気候変動枠組み条約**：地球温暖化の防止に向けての条約
  e．同年 **生物多様性条約**：地球上の生物種の多様性を保全する条約
  f．1997年 **京都議定書**：先進国の温室効果ガスの削減を目指す

③**環境倫理**：人間と環境との関わりの中で求められる規範やルールのこと
 (1)**地球の有限性**：地球生態系ではほかの生物への加害を防ぐための倫理的規制が必要
 (2)**自然の生存権**：人間のみならず他の生物の生存権を守ることで環境も守られる
 (3)**世代間倫理**：現代世代は将来世代の生存権を保障する責任を負っており，環境悪化を防ぐことは現代世代の義務→**ハンス＝ヨナス**の**未来倫理**

④循環型社会を目指して
 (1)**循環型社会形成推進基本法**：大量生産・大量消費・大量廃棄からの脱却
 (2)「**地球規模で考え，足元から行動を**」：身近なところからの実践が求められる

18 スピード・チェック
生命と環境

1 ── 生命倫理

(1) 生命倫理学の登場

❶ 先端医療技術の発達によって，医療従事者の専門性と患者の(1   )とが衝突し始めたことで，患者の権利や医療従事者の義務や責任を明確にする(2   )が登場した。それは，医療従事者のパターナリズム(父権主義)を拒否し，患者が十分な説明を受けた上で治療や投薬の諾否を決定する(3   )を確立することとなった。

❷ 医療活動はSOLすなわち(4   )を重視するが，一方で患者の生活や人生の質すなわち(5   )を重視する立場も現れている。

(2) 生命倫理をめぐる現状

❶ 近年，(6   )や人工授精など生殖に関する医療が発達している。とくに子宮などに異常のある女性のために代理母による(7   )も行われている。

❷ また，男女の産み分けや胎児の異常を調べるために，(8   )が行われているが，人工中絶を前提としているとして倫理的な問題を含んでいる。

❸ 生命工学の発達により，人間の遺伝子DNAの全体である(9   )の解読を通して，遺伝子疾患の治療である(10   )や遺伝子組み換え作物などの開発が行われている。そうした中で，(11   )はまったく同じ遺伝子をもった個体を生み出す技術として登場したが，人間への適用は日本では禁止されている。

❹ あらゆる器官になりうる幹細胞を用いて臓器の再生を行う医療を(12   )というが，受精卵を用いる(13   )に対して体細胞から作られる(14   )は倫理的問題がないとして，その活用に期待が寄せられている。

❺ 肝臓や腎臓あるいは皮膚などを移植する(15   )の技術は，病気に苦しむ人々に希望を与えているが，提供者であるドナーの脳死の問題や患者の生前の意思である(16   )と家族の承認をめぐっては課題も残っている。

(3) 死をめぐる現状

❶ 近年，延命措置の可否をめぐって，必要以上の延命をしない(17   )を求める人が増えているが，激しい苦痛からの解放のために本人の意思に基づいて行われる(18   )については，法律の制定されている国もあるが，日本ではまだ認められていない。

❷ 末期患者に人間らしい終末を迎えさせようとする医療を(19   )というが，そのための施設を(20   )といい疼痛緩和と精神的ケア中心の医療が行われている。

2 ── 環境倫理

(1) 環境問題の現状

❶ 環境の破壊・汚染は，一定地域に棲息する生物と環境との相互関連システムである(21   )すなわちエコシステムの悪化として現れている。それは，地球の物質とエネルギーを循環させている(22   )の減少とその生物間で行われている(23   )に対する悪影

響という形で現れている。さらに，森林や海洋や地下にある資源の(24　)や，処理されずに投棄されて累積されている(25　)などが，地球環境に大きなダメージを与え続けているのである。

❷ 次に代表的な環境破壊・汚染であるが，窒素化合物や硫黄化合物を含んだ雨や雪が作物や建造物に被害を与える(26　)，さらには(27　)ガスによって(28　)の破壊が進み，大量の紫外線が大気圏に侵入して皮膚ガンなどの被害を増加させている。

❸ また，二酸化炭素やメタンなどの(29　)ガスによって起こる(30　)は，海面の上昇によって耕作地や居住地の減少をもたらし，新たな病原菌の増加を招いている。そして，(31　)は過放牧や行きすぎた灌漑や(32　)農業による森林伐採などによって表土が流失して起こる環境破壊である。

(2) **環境問題への取り組み**

❶ アメリカのボールディングは〈(33　)〉という言葉で地球の有限性に対する注意を喚起し，海洋学者(34　)は，その著書『(35　)』の中で農薬による生体濃縮と生態系の危機を警告している。

❷ また，アメリカの環境学者(36　)は，生態系の総称としての土地を敬うべきだという倫理を提唱し，生物学者(37　)は〈(38　)〉という言葉で，土地のもつ許容量を倫理の基準とすべきだと提案している。

❸ 環境問題の国際的取り組みとしては，1971年に水鳥の生息地としての湿地帯の保護を訴えた(39　)の締結が始まりで，翌1972年には〈(40　)〉をスローガンとしてストックホルムで(41　)が開催された。そして1992年にはリオデジャネイロで〈(42　)〉を標語として(43　)が開催され，「リオ宣言」が採択された。

❹ 1992年には，地球温暖化阻止に向けた(44　)と生物種の多様性を保全する(45　)が採択された。そして，こうした国際的な環境保護の動きの中で，先進国の温室効果ガスの削減を目的として採択されたのが(46　)であったが，アメリカや中国やインドといった大量の二酸化炭素排出国が参加しなかったことが問題となった。

❺ 人間と環境との間において求められる規範のことを(47　)というが，それには地球の有限性，生物の権利，および現代世代は将来世代に対する生存権を保障する義務を負うという(48　)などの主張がある。

❻ 長い年月をかけて破壊・汚染されてきた地球環境は，短い年月では改善しないが，「(49　)で考え，(50　)から行動を」という考えは，大切な標語である。

19　家族・地域社会と情報社会

1── 家族と地域社会
①現代の家族
　⑴家族の形態
　　　a．**拡大家族**(大家族)：結婚した子どもが親と同居する家族の形態
　　　b．**核家族**(夫婦家族)：夫婦と未婚の子どもからなる家族の形態
　　　c．**単独世帯**：独り暮らしの世帯→増加傾向にある
　⑵家族の変容：イエ制度の崩壊により，これまでにない家族の状況が出現
　　　a．**家族機能の外部化**：教育・医療・介護などの機能→学校・病院・介護施設へ
　　　b．ステップ＝ファミリー：離婚・再婚により血縁のない親子で形成される家族
②女性の社会進出
　⑴**フェミニズム**：18世紀以来，教育・職業における男女の機会均等が叫ばれてきた
　⑵**性役割分担の見直し**：社会や文化によって創られた性による仕事分担の見直し
　⑶**ジェンダーフリー**：歴史的・社会的に創られてきた性(**ジェンダー**)からの解放
　⑷**女子(女性)差別撤廃条約**：日本は1985年に批准→同年　**男女雇用機会均等法**成立→
　　　　　　　　　　　　　　1997年の改正法ではセクハラ防止義務が課せられる
　⑸**男女共同参画社会基本法**：1996年　男女は社会を構成するパートナーである
　　　└**育児・介護休業法**：男女の労働者に，育児や介護のための休業を保障
③少子化と高齢者問題
　⑴**合計特殊出生率の低下**：女性が一生の間に産む子どもの数が低下→**少子化**
　　　└晩婚化や非婚化も一因だと考えられている
　⑵高齢社会の出現：総人口に65歳以上人口が占める割合が7％を超えると**高齢化社会**，
　　　　　　　　　　14％超では**高齢社会**，21％超では超高齢社会という
　⑶高齢社会の問題
　　　a．**介護**の問題：老老介護・独居老人・孤独死・高齢者虐待などが発生
　　　b．高齢者福祉
　　　　ア．**在宅介護の推進**：**ホームヘルパー**・ショート＝ステイ・デイ＝ケアなど
　　　　イ．**介護保険制度**：40歳以上の被保険者が保険料を払い，65歳から介護認定を受
　　　　　　　　　　　　　けたものが介護のためのサービスを受けられる
④新しい地域社会
　⑴**都市化**の進展：都市的生活が農村にまでおよび，全国が均一化しつつある
　　　└過疎化が進み，伝統的共同体が崩壊し，限界集落が出現

(2)新しい**地域社会(コミュニティ)**形成の取り組み
　　ノーマライゼーション：バリアフリーなどにより，高齢者や障害者や外国の人たちなどさまざまな人たちが**共生**できる社会の構築を推進

2 ── 情報社会

①**情報通信技術(ICT)革命**
　(1)情報通信技術(ICT)の革新：産業構造，マス＝メディア，日常生活のあり方が激変
　(2)通信ネットワーク社会：**双方向性**をもつ**インターネット**の登場で世界各地が巨大なネットワーク社会となる
　　└─ SNS(Social Networking Service)の普及でネット社会はますます拡大
②情報社会の問題と倫理
　(1)**マス＝メディア**の功罪：政治・経済・社会などの情報を提供するジャーナリズムとしての働きをもつ→しかし，情報操作が行われることもある
　(2)**仮想現実(バーチャル＝リアリティ)**の危険性：コンピュータゲームなどによって，青少年の中には現実と仮想の世界とを混同するものも出ている
　(3)**情報能力の格差(デジタル＝デバイド)**の拡大：情報機器の所有や操作能力(**メディア＝リテラシー**)の有無が新たな格差を生みつつある
　(4)**ネット犯罪の多発**：インターネットの普及は情報量や流通地域を飛躍的に増大させた→しかし，その**匿名性**(とくめい)のゆえに**プライバシー**の侵害や**サイバー犯罪**などの新たな犯罪が発生
　(5)**管理社会**の登場：情報の収集・処理・蓄積の量・速さ・精度にすぐれるコンピュータの普及は事務効率を飛躍的に増大させた→一方，情報の規制や操作によって人々の生活はいたるところで管理されるようにもなった
　　　┌─ **リップマン**：情報の意図的な操作で世論操作が可能になると指摘
　　　└─ **マクルーハン**：情報伝達の形式が思考に大きな影響を与えると指摘
　　　　　　　　　　　　　　　　　　↓
　　　　　グーテンベルク以来の活字→ラジオの音声→テレビの映像へと変遷
　　　　　→感覚的イメージが優越する社会が登場
　(6)**知的所有(財産)権**の侵害：従来の著作権・特許権・意匠権(いしょう)に加えてソフトウェアの開発なども権利となった
③情報社会の課題
　(1)情報選択能力の開発：〈情報の洪水〉状態の中で，自分にとって必要な情報を的確に選択できる能力である**情報リテラシー**を身につけること
　(2)情報公開制度の整備：情報による国民の管理化が進む中で，個人情報の保護とともに，**知る権利**の重要性を改めて確認しなければならない
　├─ 1999年　情報公開法：政府の説明責任と行政文書の原則公開が柱
　└─ 2003年　**個人情報保護法**：1988年に成立した法律を全面改正して成立

19 スピード・チェック
家族・地域社会と情報社会

1 ── 家族と地域社会

(1) **現代の家族**

❶ 家族を構成員によって分類すると，結婚した子どもが両親と同居する(1   )あるいは大家族，未婚の子どもと両親が同居する(2   )あるいは夫婦家族，そして一人で生活する(3   )などがある。

❷ 現代の家族では，かつての家族がもっていた教育や看病や介護といった機能は外部に委託するという(4   )が拡大しつつある。また，離婚や再婚によって血縁のない親子で形成される(5   )も増加傾向にある。

(2) **女性の社会進出**

❶ 18世紀以降，女性の権利や自由を求める(6   )の運動が展開されてきた。そして現代の日本では，「男は仕事，女は家庭」といった固定化された(7   )分担は見直されつつあり，歴史的・社会的に創り出されてきた性である(8   )からも自由になろうとする動きは活発になっている。

❷ 1979年に国連総会において採択された(9   )を，国内法の整備で出遅れていた日本は1985年に批准し，同年(10   )を成立させ，1999年に改正した。

❸ また，1996年には男女は人権を尊重しつつ対等な関係で社会に参画していくことを促す(11   )が成立し，1997年には育児に加えて介護のためにも休業できる(12   )が成立し，男女が平等に育児と介護に関われるようになった。

(3) **少子化と高齢者問題**

❶ 女性の社会進出や晩婚化・(13   )化などを一因として，女性が生涯に産む子どもの数である(14   )が低下し，日本社会の(15   )傾向が加速し始めた。そして子どもの数の減少は，総人口に占める老人の割合を増加させ，(16   )歳以上の人口が7％を超えた社会を高齢化社会，14％を超えると(17   )とよぶが，日本はすでに21％を超えた超高齢社会となっている。

❷ 日本では在宅介護を重視する立場から，(18   )といわれる訪問介護員の派遣や介護施設の充実などを行っており，満40歳以上の全国民を被保険者とし，65歳から介護費用を受け取れる(19   )も成立している。

(4) **新しい地域社会**

❶ (20   )の進展は，全国に都市的生活をもたらしたが，一方で大都市への人口流出も招き，過疎化や限界集落の出現といった現象も招いている。

❷ 伝統的な(21   )の衰退にともなって，新しい地域社会の姿が模索されているが，障害のある人や老人や外国の人など，さまざまな人々と(22   )する社会が健全な普通の社会だという(23   )の考えも浸透しつつある。

2 — 情報社会

(1) ICT の発達と問題

❶ ICT すなわち(24　)の飛躍的発展は，産業構造やコミュニケーションのあり方を革命的に変化させたが，とくに(25　)を特質とする(26　)の普及は，世界全域に及ぶ通信ネット社会を作り出した。

❷ 新聞・テレビなどの(27　)は，多くの人々に政治・経済・社会に関する情報の提供を仕事としているだけに，もし故意に虚偽の情報を流したり，重要な情報を隠すような(28　)を行うなら，その危険性は計り知れない。

❸ 音声とコンピュータ・グラフィック(CG)を用いて，現実には存在しないものをあたかも存在するかのように感じさせる(29　)は，産業的にはさまざまな効果をもたらすが，青少年にゲームの世界と現実の世界を混同させてしまう危険性ももっている。

❹ コンピュータ社会の登場は，これまでになかった犯罪を生み出した。たとえばコンピュータソフトの開発は(30　)という権利であるが，それを改ざんして販売することは犯罪である。また，インターネット上の情報は(31　)を特質にしているため，虚偽情報や(32　)の侵害が生じやすい。

❺ コンピュータとインターネットの普及は，情報伝播の地域格差を減少させたが，他方で情報機器の所有や機器の操作能力すなわち(33　)の有無が新たな格差である(34　)を生み出している。

❻ 情報に関する諸能力にすぐれているコンピュータは，情報のみならず人間や社会を管理する能力にもすぐれている。例えば，日本社会は住基ネットワークやマイナンバー制度に代表されるような，いたるところで管理される(35　)となりつつある。

❼ アメリカのジャーナリスト(36　)は，メディアが作り出すイメージで世論を作り出しているとして世論操作の危険性を指摘している。また，カナダのメディア学者(37　)は，活版印刷機を発明したドイツの(38　)以来，活字・音声・映像と情報の伝達形式が変化・発達し，今や感覚的イメージが優先する社会になっていると語っている。

(2) 情報社会の課題

❶ 現代は〈情報の洪水〉といわれるほどに情報が溢れかえり氾濫している時代である。それだけに，情報の的確な選択能力である(39　)を高めなければならない。

❷ 情報の管理化が進む中，情報操作や情報の秘匿を阻止するためにも(40　)は重要な権利であり，(41　)の保護とともに(42　)制度の整備は重要な課題である。そのため，1999年には官公庁の説明責任と行政文書を原則公開するという(43　)が成立し，さらに，2003年には個人の権利・利益を保護する観点から(44　)が成立した。

20 異文化理解と人類の福祉

1 ── 国際化と多文化共生
①国際社会の成立：17世紀，主権国家を主体として国と国との交流が始まる
　(1)**ボーダレス化**：20世紀後半，通信機器と交通手段の飛躍的発展→ヒト・モノ・情報が国境を越えて交流するようになる
　(2)**グローバル化**の進展：経済活動を先駆として，環境問題や民族紛争，資源問題など地球レベルで協力しなければならない問題が発生
②国際化と異文化理解
　(1)**文化交流**：国際化の進展は互いの国や民族の文化を交流させていく
　　└**文化摩擦**や**宗教摩擦**，あるいは**カルチャーショック**によって誤解や偏見や差別が生まれることも少なくない
　　　　　↓
　(2)**異文化理解**：真の国際化には，相互の文化を理解する努力が必要
③国際化時代の基本姿勢
　(1)**エスノセントリズム（自民族中心主義）**の克服
　　├自民族の文化を誇り，他民族の文化を蔑視する態度の克服
　　└**オリエンタリズム**：西欧諸国は誤解や偏見によって東方世界を蔑視してきたと，**サイード**は指摘している
　(2)**文化相対主義**：それぞれの国や地域の文化には，独自の価値と意味があり，優劣はつけられないという立場
　(3)**多文化主義（マルチカルチュラリズム）**：一つの社会に対等な複数の文化が共存することを認める立場
　　└国内の主流民族への同化を強制する〈**同化主義**〉に対抗する考えである
　　　└かつて日本は，植民地化した朝鮮半島の人々に日本名を名乗る創氏改名を強いたり，日本列島の先住民族アイヌの人々に同化を強要した

2 ── 国際平和と人類の福祉
①現代民主主義の理念
　(1)**世界人権宣言**：「すべての人間は，生まれながらにして**自由**であり，尊厳と権利について**平等**である」
　(2)**子どもの権利条約**：子どもは単なる保護の対象ではなく権利の主体であるとする
　　　　→子どもにも表現の自由や集会の自由などを認める
②戦争と人権抑圧

(1)**ファシズム**：自由や人権の抑圧によって，全体主義・軍国主義を唱える政治
　　└**ナチス**：ヒトラーを党首とするファシズム政党で，**アウシュヴィッツ強制収容所**
　　　　　　などによって**ユダヤ人の虐殺**を行う
　(2)**広島・長崎への原爆投下**：広島では約20万人，長崎では約7万人の犠牲者
　(3)**9・11同時多発テロ**：2001年，イスラム過激派アル＝カーイダによるテロで，約3000
　　　　　　　　　　　　人が犠牲となった
③平和と福祉実現のための条件と活動
　(1)国際平和機関としての**国際連合**の設立
　(2)**ラッセル＝アインシュタイン宣言**：哲学者ラッセルと物理学者アインシュタインが核
　　　　　　　　　　　　　　　　　　兵器の廃絶を訴える
　(3)対人地雷禁止条約：〈地雷禁止国際キャンペーン〉により，地雷の製造・貯蔵・使用・
　　　　　　　　　　委譲などを禁じる条約が発効→米・露・中は批准せず
　(4)戦争責任：ドイツの元大統領**ヴァイツゼッカー**は，講演『荒れ野の40年』の中で，「**過
　　　　　　去に目を閉ざすものは，結局，現在にも目を開かなくなる**」と語り，戦争
　　　　　　責任を明らかにした
④人類の福祉について
　(1)**飢餓・飢饉・貧困**からの解放
　　　a．各国のスラムの解消やホームレスなどの救済
　　　b．極貧国や発展途上国への援助→**政府開発援助（ODA）**
　　　c．**フェアトレード**：途上国から適正価格で商品を購入することで，途上国の人々の
　　　　　　　　　　　　生活改善や自立を促す貿易
　(2)**アマーティア＝セン**（20C　インド）
　　└**潜在能力**（ケイパビリティ）：〈健康〉〈誇り〉〈教育〉など善い人生を送るために必要
　　　　　　　　　　　　　　　　な機能の集合を潜在能力といい，その開発が実質的な福祉
　　　　　　　　　　　　　　　　　　　↓
　　　　　　国家の安全保障を補完する，人間の可能性の開発による**人間の安全保障**を主張
　(3)人権問題の解決
　　　a．差別や偏見あるいは政治的抑圧などによる人権侵害の排除
　　　b．ストリート＝チルドレンなどの救済や**ユニセフ**による子どもへの支援
　　　c．**難民の救済**：戦争や宗教的・政治的信条などで，国を追われた人々の救済
　　　　　　　└国連難民高等弁務官事務所：10年間日本の緒方貞子が高等弁務官に就く
　　　d．人種差別や民族差別の撤廃→人種差別撤廃条約
　(4)他者との共生
　　　a．「**ユネスコ憲章**」：教育・文化・科学を通して国家間の協力で平和を実現
　　　　　「戦争は人の心の中で生まれるものであるから，人の心の中に平和のとりでを築
　　　　　　かなければならない」
　　　b．海外ボランティア活動：**NGO**や**NPO**による活動→〈国境なき医師団〉や〈**青年
　　　　　海外協力隊**〉などの活躍

20 スピード・チェック
異文化理解と人類の福祉

1── 国際化と多文化共生

(1) 国際化の進展と異文化理解

❶ 17世紀に国際会議が開かれて以降，主権国家間の交渉が始まり，国際社会が形成されていった。しかし，20世紀の後半に通信機器と交通網の発達によって，国境を越えてヒト・モノ・情報が交流する(1)が進んだ。

❷ さらに，経済活動を先駆けとして，環境問題や民族紛争などのように地球レベルで取り組まなければならない問題が発生し，(2)も進展した。

❸ 国境を越え地球レベルで人々が交流を深めることは，文化の交流をもたらすことになった。しかし，それは自文化とは異なる文化と出会うとき(3)という衝撃，さらには異文化同士の対立という(4)や宗教摩擦を引き起こすことも少なくない。こうした事態を避けるためには，互いが(5)を進めていくしかないのである。

(2) 国際化時代の基本姿勢

❶ かつて日本は，周辺地域の国々の文化を蔑視し自国文化の優秀性を誇るという(6)に陥っていた時代があった。こうしたことは西欧にもあり，アメリカの文明評論家(7)は，西洋の人々が東洋に抱く一面的で画一的なイメージは(8)といわれるが，西欧は東洋に負のイメージを押しつけることで植民地支配を正当化しようとしたのだと論じている。

❷ このように自民族文化を中心に世界を見るのではなく，レヴィ＝ストロースが文明論で指摘しているように，それぞれの文化には固有の価値があるのだという(9)の立場こそ重要なのである。

❸ また，かつて日本は先住民族の(10)の人々や植民地支配を行った朝鮮半島の人々に日本文化を押しつけたことがあった。こうした政策は(11)とよばれるが，それは他民族を抑圧し他民族文化を抹殺することになる。世界のほとんどの国は多民族国家である。そうした状況の中で，複数の文化が対等の関係で共存することを認める(12)は大切な考えである。

2── 国際平和と人類の福祉

❶「すべての人間は，生まれながらにして(13)であり，尊厳と権利について平等である」という言葉は，『(14)』の第一条の言葉である。また，1989年に国連総会で採択された『(15)』は，意見表明の権利や集会の自由などの権利を子どもにも認めた国際条約である。

❷ 自由や人権の抑圧によって全体主義・軍国主義の政治を行う政治形態を(16)というが，ヒトラーを党首とする(17)はその代表的な政党で，彼らがユダヤ人虐殺のために建てた(18)はその象徴とでもいうべき建造物である。

❸ また，太平洋戦争末期に広島と長崎に投下された(19)は，広島では約20万人，長崎

では約7万人の人々が犠牲になった。さらに，2001年9月11日，イスラム過激派アル=カーイダによる(20)では，3000人の犠牲者が出た。

❹ 第二次世界大戦後，国際社会は平和への努力を重ねてきた。哲学者(21)と物理学者アインシュタインは核廃絶を訴え，1985年，元ドイツの大統領(22)は議会で行った演説『(23)』の中で，「過去に目を閉ざすものは，結局，現在にも目を開かなくなる」と語って，戦争責任を明らかにした。

❺ 飢餓や貧困からの解放のため，各国は途上国に対するODAすなわち(24)を行っている。また，単なる援助ではなく途上国の人々の自立と生活改善のために，適正価格での取引を促す(25)も重要な援助といえる。

❻ 福祉(welfare)とは〈善い暮らし〉を意味するが，その基準は人や国によって異なる。ノーベル賞学者(26)は，〈健康〉〈教育〉〈誇り〉など善い人生を送るために必要な機能の集合を(27)とよび，その開発が実質的な福祉になると考えた。そして，国際平和のためには従来の〈国家の安全保障〉に代えて，人間の可能性の開発こそが平和をもたらす要因となるという〈(28)〉を提唱した。

❼ 差別や偏見あるいは政府による抑圧など，世界には多くの人権を抑圧する事象が溢れている。そうした中で，とくに被害を受けやすい子どもために，国連の特別機関の一つ(29)は，食糧・医薬品・医療などの援助を通して子どもの救済を行っている。

❽ 1965年の国連会議で採択された(30)は，「人種的相違に基づく優越性」には何ら科学的根拠はないとし，その非人道性を非難している。

❾ 戦争や紛争あるいは宗教や政治的信条によって迫害を受けて国を追われた人々を(31)というが，こうした人々を救済するための国連の特別機関が国連難民高等弁務官事務所で，日本の(32)は10年間，高等弁務官の職にあった。

❿ 教育・文化・科学を通して国際平和を求める国連の専門機関(33)は，その憲章の前文で「(34)は人の心の中に生まれるものであるから，人の心の中に平和のとりでを築かなければならない」と宣言している。

⓫ その他，国内だけではなく海外でもボランティア活動を行う人々もいる。日本ではJICAの下部組織である(35)は，途上国の農業・教育などの分野で指導・援助を行っている。また民間の組織としては国内を主な活動場所とする非営利団体の(36)があり，日本では法律によって法的人格が与えられている。また(37)は平和・環境・人権などの問題に取り組む民間組織で，国際的に活動することが多い。後者の例としては，災害や紛争地に赴き医療活動を行っている(38)が代表的な団体である。

付章 人生と芸術

1 ── 文学
①ゲーテ(18〜19C)：ドイツの詩人・文学者　　主著『若きウェルテルの悩み』
　　　　　神と自然を一体と見る汎神論的世界観をもつ
②ドストエフスキー(19C)：ロシアの作家　　『罪と罰』『カラマーゾフの兄弟』
　　　　　キリスト教における罪と愛をテーマにした作品を発表
③魯迅(ろじん)(19〜20C)：中国の作家　　『狂人日記』『阿Q正伝』
　　　　　半植民地化した中国民衆の心理と日本への抵抗を描く

2 ── 音楽
①バッハ(17〜18C)：〈音楽の父〉といわれるドイツ・バロック音楽の代表者
②パブロ＝カザルス(19〜20C)：スペインのチェロ演奏者
　　　　　フランコの独裁政治に反対するなど，平和の尊さを訴えた

3 ── 美術
①ブリューゲル(16C)：フランドルの画家　　『雪中の狩人』『農民の踊り』
　　　　　農民の日常生活を描いた〈農民画家〉
②エル＝グレコ(16〜17C)：ギリシアに生まれスペインで活躍した画家
　　　　　聖書に題材を求めた宗教画を描く　　『三位一体』
③**ドラクロワ**(18〜19C)：フランス・ロマン主義の画家　　『民衆を導く自由の女神』
　　　　　歴史上の出来事を題材にした作品が多い
④ロダン(19〜20C)：フランスの彫刻家　　『地獄門』『考える人』
　　　　　ありのままの人間の姿を彫刻に表現した
⑤セザンヌ(19〜20C)：フランスの後期印象派の画家　　『水浴』
　　　　　自然を立体として捉える独自の画法を発見
⑥**ゴーギャン**(19〜20C)：フランスの後期印象派の画家　　『タヒチの女』
　　　　　タヒチ島で素朴な自然に触れて，人間の誕生と死について思索
　　　　　→**「我われはどこから来たのか，我われは何であるのか，我われはどこへ行くのか」**という題の絵を描く
⑦ムンク(19〜20C)：ノルウェーの画家・版画家　　『叫び』**『思春期』**
　　　　　死や病気，孤独や不安などをモチーフとした絵が多い
⑧ピカソ(19〜20C)：スペイン出身でフランスで活躍したキュービズムの画家
　　　　　『ゲルニカ』はスペイン内乱のときのドイツ軍による無差別爆撃に抗議して描かれた作品である。

付章 スピード・チェック

人生と芸術

1 — 文学

❶ ドイツの詩人で文学者である(1　)は，『若きウェルテルの悩み』において，青年の恋と死を描いているが，彼自身は神と自然を一体として捉える(2　)的な世界観をもつ人であった。

❷ ロシアの(3　)は，『(4　)』や『カラマーゾフの兄弟』などで，キリスト教的な罪と愛の問題をテーマにした作品を書いた作家である。

❸ 日本の侵略を受けていた中国の民衆の姿を通して，中国の現状と日本への反発を『阿Q正伝』や『狂人日記』に描いたのは(5　)であった。

2 — 音楽

❶ 後代の作曲家たちの練習曲となる楽曲を書いた(6　)は〈音楽の父〉といわれたが，本業は教会音楽のオルガンの演奏者でもあった。

❷ スペイン内戦でフランコが独裁政権を打ち立てたとき，フランスに亡命したチェロ演奏家の(7　)は，平和への思いを強く抱いた音楽家であった。

3 — 美術

❶ 肖像画が一般的だった時代に農民の日常を描いた(8　)は〈農民画家〉といわれたが，聖書に題材を得た『バベルの塔』という絵も描いている。

❷ (9　)はギリシアに生まれスペインで活躍し，聖書に題材をとった絵が多い。またフランスの(10　)は『民衆を導く自由の女神』など，歴史的な出来事を題材にした絵を多く描いた。

❸ フランスの彫刻家(11　)はありのままの人間の姿を彫り出したが，そこには『考える人』に見られるような高い精神性がこめられていた。

❹ フランス出身でタヒチ島に移り住み，その自然と人々の生活に触れる中で人間存在の深みに目を向けた(12　)は，そのことをテーマにした絵を描いた。

❺ ノルウェーの画家・版画家(13　)は，人間社会に潜む孤独や不安を『叫び』や『(14　)』の中に描き出した。

❻ スペイン出身の画家(15　)は，スペイン内戦時におけるドイツによる爆撃を『(16　)』に描き，戦争に対する怒りをあらわにした。

アタック1　人間と自然

❶ ギリシア語で自然は(1　)といわれ，人為という意味のノモスと対比されている。また，この言葉は本性とも訳され，(2　)という言葉の英語〈human-nature〉の nature は，人間の本性あるいは人間のうちにある自然を意味している。

❷ ギリシア語で宇宙を意味する(3　)という言葉は，〈混沌〉と訳されるカオスに対比され，秩序ある状態を意味する。この秩序を神ではなく自然の中にある原理によって説明しようとしたのが，タレスに始まる(4　)であった。

❸ 老子は万物がそこから生まれそこへと帰っていく根源を(5　)とよんだ。それは「為すなくして，而も為さざるはなし」というあり方を特質としているが，この超越者の内に存在する人間も，それに従って(6　)というあり方をとることが本来的な生き方だ，と彼はいうのである。

❹ 自然は一切の対立や区別もなく，すべてが一つであるという(7　)を説いた荘子は，作為や分別を捨てて自然と一体となって遊ぶ境地を(8　)とよび，そうした境地にある人を〈真人〉とよんで理想とした。

❺ 気候・地形・植生などが人間に与える影響から捉えた自然環境を(9　)とよんだ和辻哲郎は，日本の環境を(10　)型と考え，豊かだが気まぐれな自然の中で人々は忍耐強い気性と文化を育てたという。

❻ 自然の本来的な営みは万物を生み育てることであり，この営みに参画することが人間の真実なあり方だと考えた江戸時代の思想家(11　)は，すべての人が自ら大地を耕して自給自足の生活を送る(12　)を天地の本道と考え，それが実現した理想社会を(13　)とよんだ。

❼ ニュートンの(14　)の法則に代表される近代自然科学の幕開けは，物体と精神を二つの実体とする(15　)を基礎として，自然現象を物体相互の因果関係によってのみ説明しようとする(16　)を生み出すことになった。

❽ 科学的合理精神は人間や社会にも向けられ，人間の本性である理性に基礎をおく普遍的な法として(17　)という観念を生み出した。そしてこの法観念によって政治社会が生まれる前の(18　)を想定し，人間が生まれながらにもつ権利として(19　)が説かれ，社会契約説を生み出していったのである。

❾ (20　)は科学的知識は自然を征服する力であると『ノヴム＝オルガヌム』の中で語っているが，しかし，環境破壊の進む現代では人間と自然の(21　)こそが大切だとされるようになってきている。

❿ 一定地域の生物群と環境とによって作られるシステムは(22　)とよばれるが，その一員である人間自身の自覚なくしては環境破壊から地球を守ることはできないことを，(23　)は『沈黙の春』の中で警告している。

アタック2 価値と道徳

❶「大切なのはただ単に生きることではなく、(1　)である」と語ったのは、ソクラテスである。人間は意味や価値のない生を生きることはできない。アウシュヴィッツ収容所を経験したドイツの精神科医(2　)は、人間は〈生きる意味〉を求める限り、希望をもって生きることができると語っている。

❷ ソクラテスは魂の善さすなわち(3　)を求めたが、それは漢字で〈徳〉と表記され、中国でも精神的な卓越性を意味し、孔子は(4　)という有徳者による政治を求めた。

❸ 孔子の思想的後継者孟子は、仁・義・礼・智という徳の端緒に関して(5　)を説いたが、ソクラテスの弟子プラトンは理性の徳である(6　)にすぐれた支配者による政治である(7　)を説いている。

❹ 孔子の説く道徳論は、宋時代の(8　)によって理論的な哲学体系へと発展させられたが、その(9　)二元論は江戸幕府の林羅山に影響を与え、「君は尊く民は卑しきぞ」とする(10　)という理論の基礎となった。

❺ 江戸朱子学が支配者の道徳を説いたのに対して、中江藤樹は万物を貫く原理として(11　)を説き、伊藤仁斎は古代の清明心に通じる(12　)を説いたが、経世済民を目的とする安天下の道こそが支配者の道だと説いたのは(13　)である。

❻ プラトン哲学によってキリスト教教義を基礎づけた(14　)は、〈信仰・希望・愛〉をギリシア的三元徳の上に位置づけた。しかし、実存主義の先駆者ニーチェはキリスト教は弱者の(15　)によって成り立つ宗教であり、その道徳を(16　)とよんで非難した。

❼ 理性によって見出された道徳法則に自ら従う自律的な自由の主体を、カントは(17　)とよんだが、その法則は行為そのものを目的とするため、ただ単に「為すべし」とだけ命じる。この無条件の命令を(18　)という。

❽ カント道徳の主観性を批判したヘーゲルは、自由を本質とする(19　)は主観的・内面的自由である道徳に、客観的・外面的強制力としての(20　)を対置し、この二つを弁証法的に統合した(21　)においてより高次な自由が実現するという。

❾ 快楽と苦痛を善悪の基準とする功利主義を説いた(22　)は、快苦は人間の行動原理であるとともに、行動に制約を与えるものでもあると考えた。その制約を(23　)とよんだ彼は、道徳的な制約は他人からの叱責や非難といった形で現われると考えた。これに対して、質的功利主義を説く(24　)は、道徳的義務に反したときの〈良心〉が、その人の行動に制約を加えるとした。

アタック3　個人と社会・自己と他者

❶ 人間は個人として存在しながら，同時に社会を構成する一員である。その個人的特性を伸ばしていくことを(1　)といい，社会の一員として必要な慣習や規範を身につけていく(2　)と一体となって，人間は人間となるのである。

❷ (3　)が確立するというのは，自分は自分だという確信と，自分は社会の中で一定の役割を果たしているという自信が生まれ出ることであり，そのことが青年期の(4　)である，とエリクソンは語っている。

❸ 「人間は(5　)的動物である」と語ったアリストテレスは，その結合原理として相手に善をもたらす(6　)すなわち友愛と，秩序原理として(7　)をあげている。

❹ 国家を形成するに際して，権利の国家への(8　)を説くホッブズの立場は，個人よりも国家を優先する思想となり，権利の国家への(9　)を説くロックの思想は，国家よりも個人に重きをおく立場といえる。

❺ (10　)が『経済学・哲学草稿』の中で説いている(11　)とは，労働が苦痛となるだけではなく，他者と協力し労働を通して自己実現をはかるべき人間が，互いに対立し合っている状況をいうのである。

❻ 人間は他者との関係の中で〈～としての自分〉でしかない。この自分を本来的でないと感じる不安から逃れ，日常性に埋没して生きている人間をハイデッガーは〈(12　)〉とよんでいる。

❼ 人間は何らかの状況の中に生きているが，自分が自分となるためにはこの状況の中に自らを拘束し参加していかなければならない。そのことをサルトルは(13　)とよんでいるが，それが他者と関わるがゆえに自らの生き方の選択には(14　)がともなうという。

❽ われわれは，自己を中心とした世界に固執して他者の呼びかけに耳を傾けない。フランスの思想家(15　)は，自分にとって絶対的な他者の他者性を〈(16　)〉とよび，その苦痛を受け入れるような倫理的主体を形成することが重要だと『(17　)』で語っている。

❾ 日本の近代化を(18　)と考えた夏目漱石は，他人本位と利己主義のいずれにも偏らない(19　)を自らの立場と位置づけたが，晩年の彼はそうした自我の問題から離れ，(20　)の境地に至ったとされている。

❿ 欧米では個人を社会と対立するものと捉えているが，それは人間を抽象的に捉えている，と批判した(21　)は，人間を親子や兄弟といった関係性において捉え，そのあり方を(22　)と表現した。そして，その構造は個人と社会が緊張関係の中で弁証法的に成り立つと考えた。

アタック4　幸福と理想社会

❶ 快楽は善であり幸福であるという考えを(1　)というが、ヘレニズム時代の(2　)は、快楽は永続的な精神的快楽をよりすぐれたものと考え、心が乱されない(3　)を理想と考えた。そのためには、できるだけ公的な仕事に就かないよう「(4　)」と説いている。

❷ (5　)哲学の思想家アウグスティヌスは、欲望と罪の渦巻く地上の国に対して、永遠の命と幸福が約束されている(6　)とを対置し、その間を結ぶ教会の役割を強調した。

❸ カントは幸福を目的とした行為に(7　)を認めない。なぜならそれは自愛の原理によって生まれた行為であり、行為そのものを目的としないからである。

❹ ベンサムは、快楽を求め苦痛を避けるという事実を(8　)の原理と捉え、幸・不幸もこの原理によって説明しようとした。しかし、J.S.ミルは幸福は自分を取り巻く関係者全員の幸福でなければならないと考え、ナザレのイエスの(9　)を理想と考えた。

❺「哲学者が王となって統治するのでないかぎり……国々にとって不幸のやむときはない」という言葉は、プラトンの『(10　)』に記されているが、この哲学と政治権力との結びつきを説く彼の思想を(11　)という。

❻ 人間は善さを求めて生きているが、他の善さのための手段とならず、それ自体が目的である善を(12　)とよび、これを人々は幸福とよんでいると語ったアリストテレスは、人間の幸福は理性を十分に働かせた(13　)的生活にあると語っている。

❼「(14　)を為せば、則ち治まらざるなし」という老子の政治思想は、必要最小限の人と物とで構成される(15　)を理想の国とする思想となった。

❽ イギリスの人文主義者(16　)は、当時の囲い込み運動を批判して、公有財産制度に基づく理想社会を思い描いたが、〈(17　)〉というその社会は、〈どこにもない場所〉という意味である。

❾「(18　)」と語って、科学的知識は自然を征する力となると考えたF.ベーコンは、科学知識がもたらす理想の社会を『(19　)』という作品の中に描いた。

❿ (20　)は個人と社会とを統一する意志であり、主権者である個人の自由と社会全体の幸福を目指すという道徳性に基礎をおく。そして、その意志は分割や譲渡ができないため、すべての国民が直接政治に参加しなければならないというのが、(21　)の思想である。

⓫ 平安時代後期に流行した末法思想は、西方彼方に(22　)の住む浄土があり、そこへの往生を願うという浄土信仰を生み出した。

アタック 5 　理性と感情

❶ ギリシア語で理性は(1　)といわれるが、それは legein（語る）を語源としている。ここから、この言葉は論理・理法・言葉などの意味をもつことになった。一方、感情はギリシア語でパトスといわれ、ゼノンの(2　)という概念は、この感情・情念の否定を意味する言葉なのである。

❷ 人間の魂を分析し、それを理性と(3　)と欲望とに分類したのはプラトンであるが、アリストテレスは理性のうち真理に関わる働きを(4　)とよび、行為の適・不適を判断する働きを(5　)とよんでいる。

❸ 仏陀は、悟りに至るには極端な快楽主義や苦行主義に陥らない(6　)を説いたが、それは単なる真ん中ではなく、正しい認識である(7　)や正しい思考である(8　)を必要とするものであった。

❹ 「人間は(9　)である」と語り、人間の偉大さを〈考える〉ことにおいたパスカルは、人間精神を厳密な推理による分析的認識に必要な(10　)と、直感的・総合的な認識に関わる(11　)とに分けた。

❺ 「(12　)すなわち理性はこの世で最も公平に配分されているもの」と語るデカルトは、理性を能動的精神と考え、驚きや喜びなどの六つの(13　)を受動的精神として、前者による後者の統御を説いた。

❻ ストア派によって宇宙を貫く理法として説かれた理性は、近代に入って人間の本性と考えられ、その理性の導くところに(14　)があると考えられるようになった。『戦争と平和の法』を著わしたオランダの(15　)は、そうした考えをもった最初の人といわれている。

❼ 理性に対する信頼の上に立って、偏見や因習などの不合理を打破しようとした思想は(16　)といわれ、18世紀のフランスで最盛期を迎え、『哲学書簡』を著した(17　)や『(18　)』を編集したディドロやダランベールなどがいる。

❽ カントは理性そのものの働きを批判的に検討し、(19　)理性の働きは自然界にのみ限定され、神の存在や自由といった問題は(20　)理性の要請に基づくものだと考えた。

❾ 「理性的なものは現実的であり、現実的なものは理性的である」と考えるヘーゲルは、人間の歴史は(21　)を本質とする(22　)が自らを展開する過程であると捉えた。

❿ (23　)やアドルノを中心とする(24　)学派の人々は、近代理性はその重要な働きである批判的精神を忘れ、科学技術のための道具に成り下がっているとし、それを(25　)とよんだ。

⓫ 構造主義の思想家(26　)は、近代理性は権力の側に立って、社会規範から逸脱するかのような行為を(27　)として封じ込めてきた、と批判した。

アタック6　学問と教育

❶ 体系化された教育は，一旦，青年期で終えられる。しかし，高齢社会を迎えた現代では，高齢者が生きる喜びすなわち(1　　)を見出せるよう，学校を社会化し，社会を学校化することによって，(2　　)の機会が与えられることが望まれている。

❷ アテネの街頭に立って青年たちと問答を交わしながら，自らの内面を見つめることすなわち(3　　)を説いたソクラテスは，真実や真理は青年自らが思索によって生み出すものであり，自分はそれを手助けしているだけだと語り，問答法のことを(4　　)とよんだのである。

❸ プラトンはアテネ郊外に学園(5　　)を建てて教育と学問の場としたが，この学園に学んだアリストテレスも後にアテネにリュケイオンを建て，師の学説を批判することとなった。

❹ 9世紀以来，教会付属の学校で学ばれた(6　　)という哲学は，主にキリスト教の教義や信仰についての学問が中心であったが，科学的真理と宗教的真理とを信仰の優位に立って調停した(7　　)のときに最盛期を迎え，その後はしだいに衰退していくこととなった。

❺ F. ベーコンは，実験や観察によって集積された事実から真理や法則を導き出す(8　　)を学問の方法と考えたが，デカルトは，明晰判明な原理に基づく推論によって個別の真理を導き出す(9　　)を学問の方法と考えた。

❻ 人間は具体的な生活の中で，さまざまな問題に出会いながら生きている。それゆえ，教育の目的はそうした問題を解決するための能力を開発することだと考えた(10　　)は，この問題解決に方向性を与えるような知性を(11　　)あるいは実験的知性とよび，その育成を重視した。

❼ 最澄の開いた比叡山(12　　)は，天台宗の総本山というだけではなく，平安から鎌倉にかけての学問・研究の最高学府であり，彼の著『(13　　)』には，大乗戒壇院設立の嘆願とともに学僧たち養成の方法についても記されている。

❽ (14　　)の推挙によって江戸幕府に仕えた林羅山は，(15　　)という説によって幕藩体制の思想的基盤を確立し，その功績によって林家は代々幕府の学問所である昌平坂学問所の学頭の地位に就くことになった。

❾ 江戸時代には多くの学問の場が設けられた。心学を説いた(16　　)は自宅に講席を設けて庶民道徳を説き，大坂の商人たちは町民のために(17　　)を建て，富永仲基や山片蟠桃などを輩出した。

❿ 「がくもんをして道をしらむとならば，まず(18　　)をきよくのぞきさるべし」とは本居宣長の言葉であるが，彼は道は学問によって知るものではなく，生まれながらの(19　　)によって見出されるのだと考えていた。

アタック7　戦争と平和

❶ 儒家の仁の思想を批判した墨子は，自他の区別を超えた(1　　)と互いの利益をはかり合う交利を説くとともに，それらを踏みにじる侵略戦争を非難して(2　　)を説いた。

❷ 「兵は強ければ則ち勝たず，木は強ければ則ち折る」と語った(3　　)は，水のように柔らかくしなやかに生きる(4　　)の態度を道にかなった生き方だと考えた。

❸ 「戦いに勝つには二つの方策がある」が，「その一つは人間の法であり，いま一つは獣の力である」と語った(5　　)は，混乱するイタリア統一のためには権謀術数が必要だとして，『(6　　)』を著わした。

❹ オランダのグロティウスは，三十年戦争の悲惨さから国家間にも法が必要だと考え，〈国際法〉の制定を主著『(7　　)』の中で訴えた。

❺ 人間の自然状態を「(8　　)」と捉えたホッブズは，強大な国家権力の必要性を感じ取り，〈(9　　)〉にたとえられるような強力な専制国家を提唱した。

❻ 各人が各人の人格のうちにある人間性を尊重する(10　　)を理想社会と考えたカントは，この考えを国際社会にまで拡大し，『(11　　)』の中で国際平和機関の設立を提案した。

❼ 資本主義の最高段階を帝国主義と捉え，植民地争奪戦争のさ中に革命が起こると考えた(12　　)は，1917年，第一次世界大戦のさ中に(13　　)を指導し，成功に導いた。

❽ 不殺生・無傷害をインド伝統の(14　　)という言葉で表明したガンディーは，(15　　)・不服従を運動の方針に掲げ，民族の独立と戦争の放棄を訴えた。

❾ 1955年に発せられた(16　　)とアインシュタインによる核廃絶の宣言は，その後の世界平和に影響を与えたが，1985年のドイツの元大統領(17　　)の『荒れ野の40年』は，戦争責任の表明とともに反戦の誓いともなった。

❿ 古学を提唱した(18　　)は，もはや武士は武力によって立つのではなく，人々を導く徳性によって立たねばならないとして，(19　　)を説いた。

⓫ (20　　)によって一高教授を退職させられた(21　　)は，万朝報に入社し，(22　　)事件に対しては田中正造を支援して資本家を攻撃し，日露戦争開戦に関しては(23　　)を展開した。

⓬ 歌人として名を知られていた与謝野晶子は，(24　　)を中心とする雑誌『青踏』に女性問題に関する原稿を寄せるとともに，日露戦争に関しては従軍した弟を思って「君死にたまふことなかれ」という歌を書いている。

⓭ 自由民権運動から社会主義に転じた(25　　)は，『二十世紀之怪物帝国主義』において軍国主義を厳しく非難したが，(26　　)によって刑死した。

アタック8　正義と権利・自由と平等

❶ アリストテレスはポリスの秩序原理として正義を説いたが，そのうち各人が能力や働きに応じて名誉や報酬を与えられる正義を(1　)，各人の利害得失が平等になるように調節する正義を(2　)とよんだ。

❷ イスラム教では，信者であるすべての(3　)は，神の前では平等であり，その権利は聖典『クルアーン』と(4　)とよばれるイスラム法によって規定されている。

❸ 無常・無我の法は，すべてのものに自他の区別はなく平等であるという思想を含んでおり，それゆえ，すべての生きとし生けるものすなわち(5　)に対して苦しみを除き，楽しみを与えるという(6　)が説かれるのである。

❹ ルターは，すべての信者はキリストの下においては平等であり，すべての信者は神に仕えるものであるという(7　)を説いた。

❺ 社会契約説は，自然法思想を背景に個人の主体的な(8　)に基づく契約によって国家の成立を説き，絶対王政の理論である(9　)に対抗した。

❻ その著『(10　)』の中で「人間は生まれながらにして自由である，しかしいたるところで鉄鎖につながれている」と語ったルソーは，社会全体の福祉を願う(11　)に基づいて契約を結び，自然的自由に代えて市民的自由を獲得しなければならないと考えた。

❼ 人間は肉体的には自然界の因果律に縛られているが，行為の世界では自ら立てた(12　)に自ら従うという自律のゆえに自由であり，この自律的な自由の主体をカントは(13　)というのである。

❽ 「(14　)は本質に先立つ」と語るサルトルは，人間はまず存在し，その後に自分を作っていくのであるが，その自由はかならず他者を巻き添えにしていく。その意味では自由はかならず(15　)をともなうものであり，その点をサルトルは「人間は(16　)に処せられている」と表現している。

❾ 現代アメリカの思想家(17　)は，平等な自由を基本としながら，社会参加の機会均等と社会的に不利な立場の人々に対する格差の是正こそが，これからの社会に必要だと，その著『(18　)』の中で語っている。

❿ (19　)とはひたすらな坐禅を意味するが，そのことによって(20　)という身体も精神も執着を離れた境地に至るが，それこそ悟りであり自由の境地である，と(21　)は語っている。

⓫ 中江兆民は日本の現状から，権力から与えられた(22　)を人民が権力から奪い取った(23　)と同等のものに育てていけば，実質的には同じだと考えた。

⓬ インターネットが普及した現代では，その(24　)を悪用して他人のコンピュータに侵入したり，(25　)を侵害する新たな権利侵害が生まれている。

アタック 9　信仰と救い

❶ 神話という言葉はギリシア語で(1　　)といわれるが，それは〈語られたもの〉という意味で，世界の民族はそれぞれの神話を語り継いできた。ギリシアでは(2　　)が『神統記』の中で世界の始まりを語り，ユダヤ教では『旧約聖書』の第一章〈(3　　)〉に世界の始めが記されている。

❷ 宗教は超越者に対する信仰を基礎にもつがゆえに，本来は内面的なものであるが，儀式や祈りの形態も不可欠なものである。イスラム教では(4　　)を五行の一つとして義務づけており，仏教でも浄土系宗派では(5　　)が仏への祈りであり，日蓮宗では(6　　)が久遠実成の仏との一体化を願う祈りとなっている。

❸ 信仰は，基本的には個人の魂の救済を特質としている。それゆえ，イエスは自らの罪を告白する(7　　)を信仰回復の契機と考え，イスラム教では「アッラーの他に神なし」と告げて自らの信仰心を確認する(8　　)を五行の一つとして課している。

❹ 宗教は信仰心とともに救済や修行の条件として戒律や義務が課せられていることが多い。たとえば，モーセの(9　　)を基礎とするユダヤ・キリスト教の(10　　)，イスラム教における(11　　)・五行，さらには仏教における出家者の実践徳目である(12　　)や在家信者のための戒律(13　　)などがある。

❺ 宗教には悟り型宗教と救済型宗教とがあり，キリスト教は後者であるが，仏教においては(14　　)が前者で，大乗仏教が後者である。その後の大乗仏教の中では(15　　)系宗派が救済型であり，禅宗系宗派が悟り型である。

❻ 信仰は超越者に対する帰依と超越者による救済や愛によって成り立っている。パウロの(16　　)思想は十字架上のイエスに神の愛を認める思想であり，親鸞の(17　　)説は阿弥陀仏の誓願に慈悲を見ようとする思想である。

❼ 宗教における救済は，ある意味では超越者からの一方的な救いであり，アウグスティヌスはそれを(18　　)とよび，法然や親鸞は(19　　)とよんだ。

❽ 神の愛や仏の慈悲に支えられて，人間同士にも他者への思いやりや愛が生まれる。イエスの説く(20　　)がそれであり，大乗仏教が理想とする(21　　)は自らの悟りをおいてでも慈悲の実践を行おうとする人である。

❾ 宗教は時として現実生活を超越する。イエスは心の中に(22　　)があるといい，イスラム教はこの世の他に(23　　)のあることを信じろといい，(24　　)は「世間虚仮　唯仏是真」と語るのである。

❿ 人が信仰を求めるのは，何らかの苦悩や悲哀に出会うからである。バラモン教では(25　　)を悟るとき苦しみから脱却できるといい，カルカッタ(コルカタ)のスラムで奉仕活動を行った(26　　)は貧者や病者の中にイエスを見たという。

アタック10 生命と死

❶ 魂を生命と認識の源と捉えたのは，「肉体は魂の牢獄」と考えた(1)学派の人々である。その影響を受けたプラトンは，哲学とは魂が自らの故郷である(2)界を目指す活動であり，「哲学は死の練習」であると語っている。

❷ (3)は『ローマ人への手紙』の中で，「ひとりの人によって罪がこの世に入り，罪によって死が入ってきた」ように，「ひとりの人によって……神との和解」が得られたのだという。前段で語られている人は(4)であり，後段で語られている人は(5)である。

❸ バラモン教では，現世の自分の姿は前世の(6)によって定まっており，現世の死も来世の生に結びついていると考えていた。こうした考えを(7)という。

❹ 「吾未だ生を知らず，焉ぞ死を知らんや」と語る(8)にとっては，「朝に(9)を聞かば，夕に死すとも可なり」というように，死は生の探求の果てにあるものでしかなかったのである。

❺ ニーチェの「(10)」という言葉は，天地の始まりも終末もなく，世界は(11)のうちにあり，人間存在を支えるものは何もなくただ〈無〉のみがあるだけだという，(12)の到来を告げる宣言にほかならなかった。

❻ ヤスパースは死を罪や苦悩や争いとともに(13)の一つと考え，それを生き抜くことで実存的な交わりが可能になると考えた。一方，(14)は自らの生存の限界を〈(15)〉という言葉で指し示し，そのことを自覚することによって，日常性に埋没して生きる〈ひと〉としてのあり方から脱却し，真の自分を取り戻せると説いた。

❼ 古代日本では，死は病気や災害と同じように罪あるいは(16)とされ，祓や(17)によって浄められるものと考えられ，さらには死者の赴く世界である(18)は，人々の住む葦原中国とつながっていると考えられていた。

❽ 日本社会ではいつのころからか，本来は仏になるという(19)という言葉が〈死ぬ〉ことを意味し，阿弥陀仏の住む浄土に生まれ変わる(20)という言葉さえも〈死ぬ〉ことを意味するようになった。

❾ (21)とは，人間はどこまで生命の操作に介入できるのかを倫理的観点に立って問いかける学問である。

❿ 現代社会では，治療や投薬の目的や方法あるいは副作用などについて十分な説明を受けたあとに，治療を受けるかどうかを決める(22)や，延命措置や死後の扱いを事前に意思表明しておく(23)などの考えが浸透しつつある。

⓫ 現代医学で不治とされた場合，いたずらな延命をはかるのではなく残された生活の質すなわち(24)を大切にしようとする(25)という医療施設も登場している。

アタック 11　親・子・家族

❶ 孔子は，人間の歩むべき道の根底に肉親の情愛を据え，親に対する親愛の情を(1　)，兄や年長者に対する敬愛の情を(2　)とよんで仁の本質と考えた。

❷ 死刑が確定した法廷の中でソクラテスが自分の子どもを気遣っている様子が，『(3　)』の中に描かれている。彼は徳の教師を自任する(4　)の代表者プロタゴラスとの対話で，立派な人物の子どもがすべて立派ではないのだから，徳は教えられないのではないかと語り，子どもへの配慮をのぞかせている。

❸ (5　)によってメシアとしての自覚をもたされたイエスは，神の愛を説くために父母の元を去ったが，処刑後のイエスを胸に抱く(6　)の姿は母親そのものであり，後にパウロはイエスを(7　)とよんで，人類の罪を背負って死んだのだと考えた。

❹ ガウタマ＝シッダールタは，29歳のとき出家し，6年間の(8　)を捨ててこの世界が(9　)の法によって成り立っているという真理を悟ったが，その後さらに6年間，父にも息子にも会うことはなかった。

❺ 『(10　)』の中で，できるだけ自然に子どもを育てることを提唱したルソーは，自己愛と憐れみに満ちた自然状態に帰ることを願って，「(11　)」と叫んだ。

❻ (12　)を〈愛の充足態〉と考え，自然で全人的な人間関係からなる集団と捉えたヘーゲルは，市民社会を〈(13　)〉と考え，人為的な契約と部分的な人間関係からなる集団と捉え，この両者を統合したものが国家だという。

❼ 女性や子どもが劣悪な労働状況におかれている現状に心を痛めた(14　)は，経営を任されていたニューラナーク紡績工場の労働条件の改善に努めた。また，フランスの(15　)は農村的共同社会ファランジュによって，商業資本の無政府性を回復する手立てを訴えた。

❽ 未婚の子どもと夫婦が同居する(16　)が現代家族の基本形態となっているが，その影響として生活の知恵が伝わりにくいために，若い母親による幼児虐待や(17　)の問題，あるいは(18　)と相まって家族関係を濃密化させ過保護・過干渉を引き起こしていると指摘されている。

❾ 女性の高学歴化や家計維持のために女性の社会進出が盛んになっているが，それでも歴史的・社会的性である(19　)の差別はなくならず，1979年には国連による(20　)が採択され，日本では1985年に(21　)が成立した。

❿ 65歳以上人口が総人口の14％を超え(22　)となり，2007年には21％を超えて超高齢社会となった日本は，高齢者対策として2000年に(23　)制度を発足させたが，こうした制度上の対策だけではなく，高齢者や障害者と共に生きる社会が普通の社会だと考える(24　)の思想の普及や生活上の障害を取り除く(25　)も重要な課題である。

アタック 12　文化・芸術と思想

❶ 青年特有の意識や行動から生まれた(1　)は，大人あるいは既成の文化に対する対抗文化としての意味をもち，新たな文化創造の可能性をはらんでいる。

❷ 通信機器と交通手段の発達にともなって，ひと・モノ・情報が国境を越えて交流する(2　)化が進展しているが，そうした中で，当然，さまざまな国の文化も交流することになる。

❸ 国際化の進展は互いが互いの文化を理解すること，すなわち(3　)のあり方に大きく左右される。そうしたときに，自民族と自文化の優越性を誇るような(4　)は国際化の障害になるのは明らかである。

❹ 構造主義の思想家(5　)は，未開地域には文明地域の〈文明の思考〉とは異なる〈(6　)〉があり，それに基づいて文化は創造されているのであり，西洋文明が他の文明より優れていると考えるのは間違っていると語っている。

❺ 芸術が求める価値は(7　)的価値であり，真・善・聖と並んで人間が探求する価値の重要な部分を占めている。

❻ (8　)は文芸の本質は感動にあると考え，『源氏物語』や『万葉集』の研究からそれを〈(9　)〉という言葉で表現した。

❼ フランスの彫刻家(10　)は，彫像の中に人間の精神を刻み込んだが，作品『地獄門』の一部を構成する『(11　)』はその代表作である。

❽ 「我われはどこから来たのか，我われは何であるのか，我われはどこへ行くのか」と考えた(12　)は，独自の境地の中から絵を描いた。

❾ スペイン内乱のとき，ドイツ空軍による北部の小都市空爆に憤った(13　)は，その悲惨なありさまを作品『(14　)』の中に描いたが，同国の世界的なチェロ演奏者(15　)は，内乱の結果生まれ出たフランコ政権を嫌って国外に亡命した。

❿ 日本の古典文学の多くは仏教的(16　)に貫かれたものが多く，『平家物語』を筆頭として，(17　)の『方丈記』や吉田兼好の『(18　)』の中にもその精神を見て取ることができる。

⓫ 禅文化とともに発達した(19　)は，世阿弥によって大成させられたが，彼はその精神を華やかさの中に潜む閑寂と余韻にあるとし，それを(20　)と名づけた。

⓬ 絵画は作者の思想や時代の精神を映し出すが，ノルウェーの画家(21　)は時代と存在の不安を『叫び』に描き，子どもから大人への移行期にある少女の不安を『(22　)』に描いている。

20日完成
スピードマスター倫理問題集

2016年 2月25日　第1版第1刷発行
2021年11月30日　第1版第7刷発行

編　者	村西　龍
発行者	野澤　武史
印刷所	明和印刷株式会社
製本所	有限会社　穴口製本所
発行所	株式会社　山川出版社

〒101-0047　東京都千代田区内神田 1 -13-13
電話　03-3293-8131(営業)　03-3293-8135(編集)
https://www.yamakawa.co.jp/
振替口座　00120-9-43993

装　幀　水戸部功＋菊地信義

Ⓒ 2016 Printed in Japan　ISBN978-4-634-05223-9

- 造本には十分注意しておりますが、万一、落丁・乱丁などがございましたら、営業部宛にお送りください。送料小社負担にてお取り替えいたします。
- 定価はカバーに表示してあります。

スピードマスター
倫理問題集

解 答

山川出版社

1 スピード・チェック
(p. 6〜p. 7)
- 1. リンネ
- 2. ホモ＝ルーデンス
- 3. カッシーラ
- 4. ホモ＝ファーベル
- 5. 第二次性徴
- 6. マージナルマン
- 7. 境界人
- 8. 通過儀礼（イニシエーション）
- 9. M.ミード
- 10. 自我意識
- 11. 自我のめざめ
- 12. 心理的離乳
- 13. ルソー
- 14. エミール
- 15. 第二の誕生
- 16. 反抗
- 17. 第二反抗期
- 18. 欲求
- 19. 生理的欲求
- 20. 社会的欲求
- 21. 適応
- 22. 不適応
- 23. フラストレーション
- 24. 無意識
- 25. フロイト
- 26. 防衛機制
- 27. 抑圧
- 28. 反動形成
- 29. 投射
- 30. 合理化
- 31. 逃避
- 32. 同一視（同一化）
- 33. 退行
- 34. 代償
- 35. 昇華
- 36. コンフリクト
- 37. 葛藤
- 38. 合理的解決
- 39. 近道反応
- 40. ユング
- 41. 集合（普遍）的無意識
- 42. 元型（アーキタイプス）

2 スピード・チェック
(p. 10〜p. 11)
- 1. パーソナリティ
- 2. 意志
- 3. 人格
- 4. 知能
- 5. 性格
- 6. 気質
- 7. クレッチマー
- 8. シュプランガー
- 9. 他人指向型
- 10. 内向型
- 11. 個性化
- 12. 社会化
- 13. 異性
- 14. 友情
- 15. 不安
- 16. 孤独感
- 17. エリクソン
- 18. アイデンティティ
- 19. 自我同一性
- 20. アイデンティティの危機（拡散）
- 21. アイデンティティの確立
- 22. 義務
- 23. モラトリアム
- 24. ライフサイクル
- 25. 発達課題
- 26. 小此木啓吾
- 27. モラトリアム人間
- 28. 若者文化
- 29. 創造
- 30. 社会参加
- 31. ボランティア
- 32. パラサイトシングル
- 33. ニート
- 34. マズロー
- 35. 成長欲求
- 36. 自己実現
- 37. 生きがい
- 38. 神谷美恵子
- 39. フランクル
- 40. 生きる意味

3 スピード・チェック
(p. 14〜p. 15)
- 1. ミュトス
- 2. ホメロス
- 3. ヘシオドス
- 4. 自然哲学
- 5. ロゴス
- 6. アルケー
- 7. テオリア
- 8. タレス
- 9. 水
- 10. イオニア
- 11. ピタゴラス
- 12. 数
- 13. パルメニデス
- 14. エンペドクレス
- 15. デモクリトス
- 16. 原子（アトム）
- 17. ソフィスト
- 18. 相対主義
- 19. 弁論術
- 20. 万物の尺度

- ☐ 21. プロタゴラス
- ☐ 22. アレテー
- ☐ 23. ソクラテス
- ☐ 24. 問答法（助産術）
- ☐ 25. デルフォイ
- ☐ 26. 汝自身を知れ
- ☐ 27. 無知の知
- ☐ 28. 愛知（フィロソフィア）
- ☐ 29. 善く生きる
- ☐ 30. プシュケー
- ☐ 31. 魂への配慮
- ☐ 32. 知徳合一
- ☐ 33. 知行合一
- ☐ 34. プラトン
- ☐ 35. イデア
- ☐ 36. 善のイデア
- ☐ 37. 洞窟の比喩
- ☐ 38. エロース
- ☐ 39. 想起
- ☐ 40. 気概
- ☐ 41. 知恵
- ☐ 42. 節制
- ☐ 43. 正義
- ☐ 44. 防衛者
- ☐ 45. 生産者
- ☐ 46. 哲人政治
- ☐ 47. アカデメイア
- ☐ 48. アリストテレス
- ☐ 49. エイドス（形相）
- ☐ 50. ヒュレー（質料）
- ☐ 51. 知性的徳
- ☐ 52. 習性的徳
- ☐ 53. 思慮
- ☐ 54. 中庸
- ☐ 55. ポリス的動物
- ☐ 56. 友愛（フィリア）
- ☐ 57. 正義
- ☐ 58. 配分的正義
- ☐ 59. 調整的正義
- ☐ 60. 観想（テオーリア）
- ☐ 61. エピクロス
- ☐ 62. アタラクシア
- ☐ 63. 隠れて生きよ
- ☐ 64. ストア
- ☐ 65. ゼノン
- ☐ 66. 自然に従って
- ☐ 67. アパテイア

4 スピード・チェック
　　　（p. 18〜p. 19）
- ☐ 1. モーセ
- ☐ 2. カナーン
- ☐ 3. ヤハウェ（ヤーウェ）
- ☐ 4. 十戒
- ☐ 5. ダビデ
- ☐ 6. 預言者
- ☐ 7. バビロン捕囚
- ☐ 8. 創世記
- ☐ 9. 旧約聖書
- ☐ 10. 選民
- ☐ 11. 終末
- ☐ 12. マリア
- ☐ 13. イエス
- ☐ 14. ヨハネ
- ☐ 15. メシア（キリスト）
- ☐ 16. パリサイ派
- ☐ 17. アガペー
- ☐ 18. 隣人
- ☐ 19. 福音
- ☐ 20. 山上の垂訓
- ☐ 21. 復活
- ☐ 22. 使徒
- ☐ 23. ペテロ
- ☐ 24. 新約聖書
- ☐ 25. マタイ（マルコ）
- ☐ 26. マルコ（マタイ）

- ☐ 27. パウロ
- ☐ 28. 回心
- ☐ 29. 原罪
- ☐ 30. 贖罪
- ☐ 31. 教父哲学
- ☐ 32. アウグスティヌス
- ☐ 33. 恩寵
- ☐ 34. 神の国（神国論）
- ☐ 35. 希望
- ☐ 36. スコラ哲学
- ☐ 37. トマス＝アクィナス
- ☐ 38. 神学大全
- ☐ 39. ムハンマド
- ☐ 40. アッラー
- ☐ 41. ムスリム
- ☐ 42. クルアーン
- ☐ 43. シャリーア
- ☐ 44. 偶像崇拝
- ☐ 45. メディナ
- ☐ 46. ヒジュラ
- ☐ 47. 六信
- ☐ 48. 五行
- ☐ 49. 天命
- ☐ 50. 信仰告白
- ☐ 51. 礼拝
- ☐ 52. 断食
- ☐ 53. 喜捨
- ☐ 54. カーバ
- ☐ 55. 巡礼
- ☐ 56. ウンマ
- ☐ 57. カリフ

5 スピード・チェック
　　　（p. 22〜p. 23）
- ☐ 1. アーリア人
- ☐ 2. カースト
- ☐ 3. バラモン教
- ☐ 4. リグ＝ヴェーダ

- ☐ 5. バラモン
- ☐ 6. ウパニシャッド
- ☐ 7. カルマ(業)
- ☐ 8. 輪廻転生
- ☐ 9. 解脱
- ☐ 10. ブラフマン(梵)
- ☐ 11. アートマン(我)
- ☐ 12. ジャイナ教
- ☐ 13. ガウタマ＝シッダールタ
- ☐ 14. 四門出遊
- ☐ 15. ヨーガ
- ☐ 16. 仏陀
- ☐ 17. 四法印
- ☐ 18. 一切皆苦
- ☐ 19. 諸行無常
- ☐ 20. 諸法無我
- ☐ 21. 涅槃寂静
- ☐ 22. 四諦
- ☐ 23. 初転法輪
- ☐ 24. 苦諦
- ☐ 25. 煩悩
- ☐ 26. 集諦
- ☐ 27. 滅諦
- ☐ 28. 道諦
- ☐ 29. 生・老・病・死
- ☐ 30. 愛別離苦
- ☐ 31. 怨憎会苦
- ☐ 32. 求不得苦
- ☐ 33. 三毒
- ☐ 34. ダルマ
- ☐ 35. 縁起
- ☐ 36. 無明
- ☐ 37. 中道
- ☐ 38. 八正道
- ☐ 39. 正見
- ☐ 40. 一切衆生
- ☐ 41. 慈
- ☐ 42. 悲
- ☐ 43. 上座部
- ☐ 44. 大衆部
- ☐ 45. 上座部(小乗)仏教
- ☐ 46. 阿羅漢
- ☐ 47. 大乗仏教
- ☐ 48. 利他行
- ☐ 49. 菩薩
- ☐ 50. 五戒
- ☐ 51. 不殺生
- ☐ 52. 不飲酒
- ☐ 53. 竜樹(ナーガールジュナ)
- ☐ 54. 無自性
- ☐ 55. 空
- ☐ 56. 唯識
- ☐ 57. 無着

6 スピード・チェック
（p. 26〜p. 27）

- ☐ 1. 天
- ☐ 2. 天命
- ☐ 3. 諸子百家
- ☐ 4. 韓非子
- ☐ 5. 陰陽家
- ☐ 6. 公孫竜
- ☐ 7. 縦横家
- ☐ 8. 孔子
- ☐ 9. 論語
- ☐ 10. 徳治主義
- ☐ 11. 道
- ☐ 12. 君子
- ☐ 13. 仁
- ☐ 14. 孝
- ☐ 15. 悌
- ☐ 16. 忠
- ☐ 17. 恕
- ☐ 18. 信
- ☐ 19. 礼
- ☐ 20. 孟子
- ☐ 21. 良知
- ☐ 22. 性善説
- ☐ 23. 四端説
- ☐ 24. 惻隠
- ☐ 25. 義
- ☐ 26. 辞譲
- ☐ 27. 智
- ☐ 28. 仁義
- ☐ 29. 王道政治
- ☐ 30. 覇道政治
- ☐ 31. 易姓革命
- ☐ 32. 五倫
- ☐ 33. 五常
- ☐ 34. 荀子
- ☐ 35. 性悪説
- ☐ 36. 朱子(朱熹)
- ☐ 37. 理
- ☐ 38. 気
- ☐ 39. 性即理
- ☐ 40. 格物致知
- ☐ 41. 居敬窮理
- ☐ 42. 王陽明
- ☐ 43. 心即理
- ☐ 44. 致良知
- ☐ 45. 墨子
- ☐ 46. 兼愛
- ☐ 47. 交利
- ☐ 48. 非攻
- ☐ 49. 老子
- ☐ 50. 道(タオ)
- ☐ 51. 無為自然
- ☐ 52. 水
- ☐ 53. 柔弱謙下
- ☐ 54. 小国寡民
- ☐ 55. 荘子
- ☐ 56. 万物斉同
- ☐ 57. 逍遥遊
- ☐ 58. 真人
- ☐ 59. 心斎坐忘

- ☐ 60. 道教

7 スピード・チェック
　　　（p. 30〜p. 31）
- ☐ 1. 和辻哲郎
- ☐ 2. 風土
- ☐ 3. 砂漠型
- ☐ 4. 牧場型
- ☐ 5. モンスーン型
- ☐ 6. 花鳥風月
- ☐ 7. 和
- ☐ 8. 清明心
- ☐ 9. 穢れ
- ☐ 10. 祓い
- ☐ 11. アニミズム
- ☐ 12. 八百万神
- ☐ 13. 祖霊
- ☐ 14. 祖先崇拝
- ☐ 15. 祟り神
- ☐ 16. 折口信夫
- ☐ 17. マレビト
- ☐ 18. 古事記
- ☐ 19. 高天原
- ☐ 20. 天照大神
- ☐ 21. 葦原中国
- ☐ 22. 伊邪那岐命
- ☐ 23. 黄泉国
- ☐ 24. 照葉樹林
- ☐ 25. 重層性
- ☐ 26. 雑種文化
- ☐ 27. 西行
- ☐ 28. 鴨長明
- ☐ 29. 無常
- ☐ 30. 吉田兼好
- ☐ 31. 能
- ☐ 32. 世阿弥
- ☐ 33. 幽玄
- ☐ 34. わび
- ☐ 35. 千利休

- ☐ 36. 松尾芭蕉
- ☐ 37. さび
- ☐ 38. 雪舟
- ☐ 39. 枯山水
- ☐ 40. 聖徳太子（厩戸王）
- ☐ 41. 十七条憲法
- ☐ 42. 和
- ☐ 43. 凡夫
- ☐ 44. 三宝
- ☐ 45. 法華経
- ☐ 46. 三経義疏
- ☐ 47. 世間虚仮　唯仏是真

8 スピード・チェック
　　　（p. 34〜p. 35）
- ☐ 1. 鎮護国家
- ☐ 2. 聖武天皇
- ☐ 3. 行基
- ☐ 4. 鑑真
- ☐ 5. 南都六宗
- ☐ 6. 現世利益
- ☐ 7. 神仏習合
- ☐ 8. 本地垂迹説
- ☐ 9. 最澄
- ☐ 10. 天台宗
- ☐ 11. 山家学生式
- ☐ 12. 顕戒論
- ☐ 13. 一切衆生悉有仏性
- ☐ 14. 一乗（法華一乗）
- ☐ 15. 空海
- ☐ 16. 密教
- ☐ 17. 真言宗
- ☐ 18. 三教指帰
- ☐ 19. 十住心論
- ☐ 20. 大日如来
- ☐ 21. 三密
- ☐ 22. 即身成仏
- ☐ 23. 末法思想

- ☐ 24. 正法
- ☐ 25. 像法
- ☐ 26. 浄土信仰
- ☐ 27. 阿弥陀仏
- ☐ 28. 念仏
- ☐ 29. 空也
- ☐ 30. 往生要集
- ☐ 31. 厭離穢土　欣求浄土
- ☐ 32. 源信
- ☐ 33. 法然
- ☐ 34. 浄土宗
- ☐ 35. 本願
- ☐ 36. 他力
- ☐ 37. 選択本願念仏集
- ☐ 38. 南無阿弥陀仏
- ☐ 39. 専修念仏
- ☐ 40. 絶対他力
- ☐ 41. 浄土真宗
- ☐ 42. 親鸞
- ☐ 43. 悪人正機説
- ☐ 44. 自然法爾
- ☐ 45. 教行信証
- ☐ 46. 歎異抄
- ☐ 47. 一遍
- ☐ 48. 時宗
- ☐ 49. 踊念仏
- ☐ 50. 栄西
- ☐ 51. 興禅護国論
- ☐ 52. 臨済宗
- ☐ 53. 道元
- ☐ 54. 曹洞宗
- ☐ 55. 正法眼蔵
- ☐ 56. 只管打坐
- ☐ 57. 身心脱落
- ☐ 58. 修証一等
- ☐ 59. 日蓮
- ☐ 60. 日蓮宗（法華宗）
- ☐ 61. 法華経

- ☐ 62. 久遠実成の仏
- ☐ 63. 題目
- ☐ 64. 法華経の行者
- ☐ 65. 立正安国論
- ☐ 66. 念仏無間
- ☐ 67. 真言亡国
- ☐ 68. 四箇格言

9 スピード・チェック
（p.38～p.39）
- ☐ 1. 藤原惺窩
- ☐ 2. 林羅山
- ☐ 3. 春鑑抄
- ☐ 4. 上下定分の理
- ☐ 5. 敬
- ☐ 6. 存心持敬
- ☐ 7. 垂加神道
- ☐ 8. 山崎闇斎
- ☐ 9. 木下順庵
- ☐ 10. 新井白石
- ☐ 11. 雨森芳洲
- ☐ 12. 中江藤樹
- ☐ 13. 翁問答
- ☐ 14. 陽明学
- ☐ 15. 孝
- ☐ 16. 愛敬
- ☐ 17. 時・処・位
- ☐ 18. 熊沢蕃山
- ☐ 19. 山鹿素行
- ☐ 20. 聖教要録
- ☐ 21. 古学
- ☐ 22. 士道
- ☐ 23. 武士道
- ☐ 24. 葉隠
- ☐ 25. 伊藤仁斎
- ☐ 26. 古義学
- ☐ 27. 童子問
- ☐ 28. 仁
- ☐ 29. 愛
- ☐ 30. 誠
- ☐ 31. 忠信
- ☐ 32. 荻生徂徠
- ☐ 33. 古文辞学
- ☐ 34. 先王の道
- ☐ 35. 安天下の道
- ☐ 36. 経世済民
- ☐ 37. 礼楽刑政
- ☐ 38. 石田梅岩
- ☐ 39. 心学
- ☐ 40. 都鄙問答
- ☐ 41. 知足安分
- ☐ 42. 倹約
- ☐ 43. 正直
- ☐ 44. 井原西鶴
- ☐ 45. 近松門左衛門
- ☐ 46. 人情
- ☐ 47. 懐徳堂
- ☐ 48. 富永仲基
- ☐ 49. 加上説
- ☐ 50. 山片蟠桃
- ☐ 51. 無鬼論
- ☐ 52. 安藤昌益
- ☐ 53. 自然真営道
- ☐ 54. 万人直耕
- ☐ 55. 不耕貪食
- ☐ 56. 法世
- ☐ 57. 自然世
- ☐ 58. 二宮尊徳
- ☐ 59. 天道
- ☐ 60. 人道
- ☐ 61. 報徳思想
- ☐ 62. 分度
- ☐ 63. 推譲

10 スピード・チェック
（p.42～p.43）
- ☐ 1. 万葉集
- ☐ 2. 国学
- ☐ 3. 契沖
- ☐ 4. 万葉代匠記
- ☐ 5. 荷田春満
- ☐ 6. 古道
- ☐ 7. 賀茂真淵
- ☐ 8. 高く直き心
- ☐ 9. ますらおぶり
- ☐ 10. 本居宣長
- ☐ 11. 古事記伝
- ☐ 12. 玉勝間
- ☐ 13. 漢意
- ☐ 14. 真心
- ☐ 15. 惟神の道
- ☐ 16. もののあはれ
- ☐ 17. たおやめぶり
- ☐ 18. 源氏物語玉の小櫛
- ☐ 19. 平田篤胤
- ☐ 20. 復古神道
- ☐ 21. 神道
- ☐ 22. 伊勢神道
- ☐ 23. 吉田神道
- ☐ 24. 国家神道
- ☐ 25. 教派神道
- ☐ 26. 蘭学
- ☐ 27. 青木昆陽
- ☐ 28. 貝原益軒
- ☐ 29. 前野良沢
- ☐ 30. 解体新書
- ☐ 31. 緒方洪庵
- ☐ 32. 適塾
- ☐ 33. 洋学
- ☐ 34. 三浦梅園
- ☐ 35. 尚歯会
- ☐ 36. 渡辺崋山
- ☐ 37. 慎機論
- ☐ 38. シーボルト
- ☐ 39. 高野長英
- ☐ 40. 戊戌夢物語
- ☐ 41. 佐久間象山

- ☐42. 和魂洋才
- ☐43. 東洋道徳　西洋芸術
- ☐44. 水戸学
- ☐45. 大義名分論
- ☐46. 尊王攘夷論
- ☐47. 会沢正志斎
- ☐48. 横井小楠
- ☐49. 吉田松陰
- ☐50. 松下村塾
- ☐51. 一君万民論

11 スピード・チェック
(p. 46〜p. 47)

- ☐1. 森有礼
- ☐2. 明六社
- ☐3. 中村正直
- ☐4. 西周
- ☐5. 福沢諭吉
- ☐6. 学問のすすめ
- ☐7. 天賦人権論
- ☐8. 実学
- ☐9. 数理学
- ☐10. 一身独立
- ☐11. 文明論之概略
- ☐12. 脱亜論
- ☐13. 自由民権運動
- ☐14. 民約訳解
- ☐15. 中江兆民
- ☐16. 三酔人経綸問答
- ☐17. 恩賜の民権
- ☐18. 恢復的民権
- ☐19. 植木枝盛
- ☐20. 東洋大日本国国憲按
- ☐21. 欧化政策
- ☐22. 国粋主義
- ☐23. 岡倉天心
- ☐24. 西村茂樹

- ☐25. 教育勅語
- ☐26. 三宅雪嶺
- ☐27. 陸羯南
- ☐28. 徳富蘇峰
- ☐29. 平民主義
- ☐30. 国家主義
- ☐31. 北一輝
- ☐32. 超国家主義
- ☐33. 内村鑑三
- ☐34. 不敬事件
- ☐35. 足尾銅山鉱毒事件
- ☐36. 非戦論
- ☐37. 二つのJ
- ☐38. 無教会主義
- ☐39. 新渡戸稲造
- ☐40. 武士道
- ☐41. 新島襄
- ☐42. 植村正久
- ☐43. 大正デモクラシー
- ☐44. 片山潜
- ☐45. 安部磯雄
- ☐46. 平民新聞
- ☐47. 大逆事件
- ☐48. 幸徳秋水
- ☐49. 民本主義
- ☐50. 吉野作造
- ☐51. 天皇機関説
- ☐52. 美濃部達吉
- ☐53. 全国水平社
- ☐54. 景山(福田)英子
- ☐55. 青鞜
- ☐56. 平塚らいてう
- ☐57. 外発的開化
- ☐58. 夏目漱石
- ☐59. 自己本位
- ☐60. 則天去私
- ☐61. 森鷗外
- ☐62. 諦念(レジグナチオン)

- ☐63. 西田幾多郎
- ☐64. 主客未分
- ☐65. 純粋経験
- ☐66. 和辻哲郎
- ☐67. 間柄的存在
- ☐68. 常民
- ☐69. 柳田国男
- ☐70. 民俗学(新国学)
- ☐71. 柳宗悦

12 スピード・チェック
(p. 50〜p. 51)

- ☐1. ダンテ
- ☐2. ボッカチオ
- ☐3. 万能人(普遍人)
- ☐4. レオナルド＝ダ＝ヴィンチ
- ☐5. ミケランジェロ
- ☐6. 人文主義(ヒューマニズム)
- ☐7. ピコ＝デラ＝ミランドラ
- ☐8. 人間の尊厳について
- ☐9. エラスムス
- ☐10. 愚神礼賛
- ☐11. トマス＝モア
- ☐12. ユートピア
- ☐13. マキャヴェリ
- ☐14. 君主論
- ☐15. 贖宥状(免罪符)
- ☐16. ルター
- ☐17. 95カ条の論題(意見書)
- ☐18. キリスト者の自由
- ☐19. 信仰義認
- ☐20. 聖書中心主義
- ☐21. 万人司祭主義
- ☐22. カルヴァン

- ☐23. キリスト教綱要
- ☐24. 予定説
- ☐25. 職業召命観
- ☐26. 勤勉
- ☐27. ウェーバー
- ☐28. モラリスト
- ☐29. モンテーニュ
- ☐30. 寛容
- ☐31. エセー(随想録)
- ☐32. ク・セ・ジュ
- ☐33. パスカル
- ☐34. パンセ(瞑想録)
- ☐35. 中間者
- ☐36. 気晴らし
- ☐37. 考える葦
- ☐38. 幾何学的精神
- ☐39. 繊細の精神
- ☐40. 仮説
- ☐41. 実験
- ☐42. 科学革命
- ☐43. コペルニクス
- ☐44. 天体の回転について
- ☐45. 天動説
- ☐46. 地動説
- ☐47. ケプラー
- ☐48. ガリレイ
- ☐49. 天文対話
- ☐50. 万有引力
- ☐51. ニュートン
- ☐52. プリンキピア

13 スピード・チェック
　　　　(p.54～p.55)
- ☐1. F. ベーコン
- ☐2. ノヴム＝オルガヌム
- ☐3. 経験論
- ☐4. イドラ
- ☐5. 種族のイドラ
- ☐6. 市場のイドラ
- ☐7. 洞窟のイドラ
- ☐8. 劇場のイドラ
- ☐9. 帰納法
- ☐10. 服従
- ☐11. 知は力なり
- ☐12. ロック
- ☐13. 白紙(タブラ＝ラサ)
- ☐14. バークリー
- ☐15. ヒューム
- ☐16. 合理論
- ☐17. デカルト
- ☐18. 良識(ボン＝サンス)
- ☐19. 方法序説
- ☐20. 明証
- ☐21. 総合
- ☐22. 方法的懐疑
- ☐23. われ思う，ゆえにわれあり(コギト＝エルゴ＝スム)
- ☐24. 演繹法
- ☐25. 実体
- ☐26. 延長
- ☐27. 思惟
- ☐28. 物心二元論
- ☐29. 機械論的自然観
- ☐30. 目的論
- ☐31. 近代的自我
- ☐32. 情念
- ☐33. 高邁の精神
- ☐34. スピノザ
- ☐35. 自然
- ☐36. 汎神論
- ☐37. ライプニッツ
- ☐38. モナド
- ☐39. 実証主義
- ☐40. コント
- ☐41. 実証的段階
- ☐42. 社会有機体説
- ☐43. 自然淘汰
- ☐44. 進化論
- ☐45. ダーウィン
- ☐46. スペンサー

14 スピード・チェック
　　　　(p.58～p.59)
- ☐1. 実定法
- ☐2. 自然法
- ☐3. 戦争と平和の法
- ☐4. グロティウス
- ☐5. 社会契約説
- ☐6. 王権神授説
- ☐7. 自然状態
- ☐8. 自然権
- ☐9. ホッブズ
- ☐10. リヴァイアサン
- ☐11. 自己保存
- ☐12. 万人の万人に対する闘争
- ☐13. 譲渡
- ☐14. リヴァイアサン
- ☐15. 専制君主
- ☐16. ロック
- ☐17. 統治論(市民政府二論)
- ☐18. 所有(財産)
- ☐19. 信託(委託)
- ☐20. 抵抗権
- ☐21. 立法権
- ☐22. 立憲君主
- ☐23. 啓蒙思想
- ☐24. モンテスキュー
- ☐25. 法の精神
- ☐26. 三権分立
- ☐27. ヴォルテール

- ☐ 28. 哲学書簡
- ☐ 29. ディドロ
- ☐ 30. 百科全書
- ☐ 31. ルソー
- ☐ 32. 人間不平等起源論
- ☐ 33. 同情（あわれみ）
- ☐ 34. エミール
- ☐ 35. 自然に帰れ
- ☐ 36. 自然的自由
- ☐ 37. 市民的自由
- ☐ 38. 一般意志
- ☐ 39. 特殊意志
- ☐ 40. 全体意志
- ☐ 41. 社会契約論
- ☐ 42. 直接民主制
- ☐ 43. ロールズ
- ☐ 44. 正義論
- ☐ 45. 無知のベール
- ☐ 46. 公正
- ☐ 47. 機会均等
- ☐ 48. 格差

15 スピード・チェック
　　（p. 62〜p. 63）
- ☐ 1. 純粋理性批判
- ☐ 2. カント
- ☐ 3. 批判哲学
- ☐ 4. コペルニクス的転回
- ☐ 5. 実践理性批判
- ☐ 6. 道徳法則
- ☐ 7. 定言命法
- ☐ 8. 格率
- ☐ 9. 仮言命法
- ☐ 10. 自律
- ☐ 11. 人格
- ☐ 12. 目的
- ☐ 13. 手段
- ☐ 14. 義務
- ☐ 15. 善意志
- ☐ 16. 動機
- ☐ 17. 目的の王国
- ☐ 18. 永久平和のために
- ☐ 19. ヘーゲル
- ☐ 20. 精神現象学
- ☐ 21. 自由
- ☐ 22. 絶対精神
- ☐ 23. 道徳
- ☐ 24. 人倫
- ☐ 25. 家族
- ☐ 26. 市民社会
- ☐ 27. 国家
- ☐ 28. 止揚（アウフヘーベン）
- ☐ 29. 弁証法
- ☐ 30. アダム＝スミス
- ☐ 31. 国富論（諸国民の富）
- ☐ 32. 見えざる手
- ☐ 33. 共感
- ☐ 34. ベンサム
- ☐ 35. 快楽と苦痛
- ☐ 36. 功利
- ☐ 37. 道徳および立法の諸原理序説
- ☐ 38. 量的功利主義
- ☐ 39. 最大多数の最大幸福
- ☐ 40. 制裁（サンクション）
- ☐ 41. 自然的（宗教的）
- ☐ 42. 宗教的（自然的）
- ☐ 43. J. S. ミル
- ☐ 44. 功利主義
- ☐ 45. 人間
- ☐ 46. ソクラテス
- ☐ 47. 隣人
- ☐ 48. 黄金律
- ☐ 49. 良心
- ☐ 50. 自由論
- ☐ 51. 他者危害の原則
- ☐ 52. フロンティア
- ☐ 53. ピューリタン
- ☐ 54. プラグマ
- ☐ 55. パース
- ☐ 56. 形而上学クラブ
- ☐ 57. 真理の有用性
- ☐ 58. プラグマティズム
- ☐ 59. ジェームズ
- ☐ 60. 民主主義と教育
- ☐ 61. デューイ
- ☐ 62. 道具
- ☐ 63. 道具主義
- ☐ 64. 創造的知性
- ☐ 65. 問題解決学習

16 スピード・チェック
　　（p. 66〜p. 67）
- ☐ 1. 空想的社会主義
- ☐ 2. オーウェン
- ☐ 3. サン＝シモン
- ☐ 4. フーリエ
- ☐ 5. ファランジュ
- ☐ 6. 資本論
- ☐ 7. マルクス
- ☐ 8. エンゲルス
- ☐ 9. 共産党宣言
- ☐ 10. 労働の疎外
- ☐ 11. 唯物史観（史的唯物論）
- ☐ 12. 生産関係
- ☐ 13. 下部構造
- ☐ 14. 上部構造
- ☐ 15. 生産手段
- ☐ 16. 階級
- ☐ 17. レーニン
- ☐ 18. 毛沢東

- ☐ 19. ベルンシュタイン
- ☐ 20. 社会民主主義
- ☐ 21. ウェッブ
- ☐ 22. バーナード＝ショウ
- ☐ 23. フェビアン協会
- ☐ 24. フェビアン社会主義
- ☐ 25. 実存
- ☐ 26. 主体性
- ☐ 27. あれか　これか
- ☐ 28. キルケゴール
- ☐ 29. 主体の真理
- ☐ 30. 死に至る病
- ☐ 31. 絶望
- ☐ 32. 美的実存
- ☐ 33. 倫理的実存
- ☐ 34. 単独者
- ☐ 35. 宗教的実存
- ☐ 36. ニヒリズム
- ☐ 37. ニーチェ
- ☐ 38. ルサンチマン
- ☐ 39. 奴隷道徳
- ☐ 40. 神は死んだ
- ☐ 41. 永劫回帰
- ☐ 42. 運命愛
- ☐ 43. 力への意志
- ☐ 44. 超人
- ☐ 45. 現象学
- ☐ 46. フッサール
- ☐ 47. 存在と時間
- ☐ 48. ハイデッガー
- ☐ 49. 現存在（ダーザイン）
- ☐ 50. 世界−内−存在
- ☐ 51. 存在忘却
- ☐ 52. ひと（ダス＝マン）
- ☐ 53. 死への存在
- ☐ 54. ヤスパース
- ☐ 55. 苦悩
- ☐ 56. 限界状況
- ☐ 57. 実存的交わり
- ☐ 58. サルトル
- ☐ 59. 実存は本質に先立つ
- ☐ 60. 自由の刑
- ☐ 61. アンガージュマン
- ☐ 62. ボーヴォワール
- ☐ 63. カミュ
- ☐ 64. メルロ＝ポンティ

17 スピード・チェック
　　　（p.70〜p.71）
- ☐ 1. ガンディー
- ☐ 2. サティヤーグラハ（真理把持）
- ☐ 3. ブラフマチャリヤー
- ☐ 4. アヒンサー（不殺生）
- ☐ 5. 非暴力
- ☐ 6. キング牧師
- ☐ 7. 公民権
- ☐ 8. シュヴァイツァー
- ☐ 9. 生命への畏敬
- ☐ 10. マザー＝テレサ
- ☐ 11. 無関心
- ☐ 12. ホルクハイマー
- ☐ 13. 道具的理性
- ☐ 14. アドルノ
- ☐ 15. 権威主義的性格
- ☐ 16. フロム
- ☐ 17. 自由からの逃走
- ☐ 18. ハーバーマス
- ☐ 19. 合意
- ☐ 20. コミュニケーション的合理性
- ☐ 21. 対話的理性
- ☐ 22. ソシュール
- ☐ 23. ラング
- ☐ 24. レヴィ＝ストロース
- ☐ 25. 構造
- ☐ 26. 野生の思考
- ☐ 27. フーコー
- ☐ 28. 狂気の歴史
- ☐ 29. 狂気
- ☐ 30. 監獄の歴史
- ☐ 31. ベルクソン
- ☐ 32. 創造的進化
- ☐ 33. エラン＝ヴィタール
- ☐ 34. ウェーバー
- ☐ 35. 官僚制（ビューロクラシー）
- ☐ 36. ウィトゲンシュタイン
- ☐ 37. 沈黙
- ☐ 38. 言語ゲーム
- ☐ 39. 分析哲学
- ☐ 40. ポパー
- ☐ 41. 反証可能性
- ☐ 42. クーン
- ☐ 43. パラダイム
- ☐ 44. レヴィナス
- ☐ 45. 全体性と無限
- ☐ 46. 顔
- ☐ 47. ハンナ＝アーレント
- ☐ 48. 人間の条件
- ☐ 49. 活動
- ☐ 50. 全体主義
- ☐ 51. デリダ
- ☐ 52. 脱構築
- ☐ 53. リバタリアニズム（自由至上主義）
- ☐ 54. コミュニタリアニ

ズム(共同体主義)

18 スピード・チェック
　　　　(p.74〜p.75)
- [ ] 1. 自己決定権
- [ ] 2. 生命倫理学
- [ ] 3. インフォームド＝コンセント
- [ ] 4. 生命の尊厳
- [ ] 5. QOL
- [ ] 6. 体外受精
- [ ] 7. 代理出産
- [ ] 8. 出生前診断
- [ ] 9. ヒトゲノム
- [ ] 10. 遺伝子治療
- [ ] 11. クローン技術
- [ ] 12. 再生医療
- [ ] 13. ES細胞
- [ ] 14. iPS細胞
- [ ] 15. 臓器移植
- [ ] 16. リヴィング＝ウィル
- [ ] 17. 尊厳死
- [ ] 18. 安楽死
- [ ] 19. 終末期(末期)医療
- [ ] 20. ホスピス
- [ ] 21. 生態系
- [ ] 22. 生物種
- [ ] 23. 食物連鎖
- [ ] 24. 枯渇
- [ ] 25. 廃棄物
- [ ] 26. 酸性雨
- [ ] 27. フロン
- [ ] 28. オゾン層
- [ ] 29. 温室効果
- [ ] 30. 地球温暖化
- [ ] 31. 砂漠化
- [ ] 32. 焼畑
- [ ] 33. 宇宙船地球号
- [ ] 34. レイチェル＝カーソン
- [ ] 35. 沈黙の春
- [ ] 36. レオポルド
- [ ] 37. ハーディン
- [ ] 38. 共有地の悲劇
- [ ] 39. ラムサール条約
- [ ] 40. かけがえのない地球
- [ ] 41. 国連人間環境会議
- [ ] 42. 持続可能な開発
- [ ] 43. 国連環境開発会議(地球サミット)
- [ ] 44. 気候変動枠組み条約
- [ ] 45. 生物多様性条約
- [ ] 46. 京都議定書
- [ ] 47. 環境倫理
- [ ] 48. 世代間倫理
- [ ] 49. 地球規模
- [ ] 50. 足元

19 スピード・チェック
　　　　(p.78〜p.79)
- [ ] 1. 拡大家族
- [ ] 2. 核家族
- [ ] 3. 単独世帯
- [ ] 4. 家族機能の外部化
- [ ] 5. ステップ＝ファミリー
- [ ] 6. フェミニズム
- [ ] 7. 性役割
- [ ] 8. ジェンダー
- [ ] 9. 女子(女性)差別撤廃条約
- [ ] 10. 男女雇用機会均等法
- [ ] 11. 男女共同参画社会基本法
- [ ] 12. 育児・介護休業法
- [ ] 13. 非婚
- [ ] 14. 合計特殊出生率
- [ ] 15. 少子化
- [ ] 16. 65
- [ ] 17. 高齢社会
- [ ] 18. ホームヘルパー
- [ ] 19. 介護保険制度
- [ ] 20. 都市化
- [ ] 21. コミュニティ(共同体)
- [ ] 22. 共生
- [ ] 23. ノーマライゼーション
- [ ] 24. 情報通信技術
- [ ] 25. 双方向性
- [ ] 26. インターネット
- [ ] 27. マス＝メディア
- [ ] 28. 情報操作
- [ ] 29. バーチャル＝リアリティ(仮想現実)
- [ ] 30. 知的所有(財産)権
- [ ] 31. 匿名性
- [ ] 32. プライバシー
- [ ] 33. メディア＝リテラシー
- [ ] 34. デジタル＝デバイド
- [ ] 35. 管理社会
- [ ] 36. リップマン
- [ ] 37. マクルーハン
- [ ] 38. グーテンベルク
- [ ] 39. 情報リテラシー
- [ ] 40. 知る権利
- [ ] 41. 個人情報
- [ ] 42. 情報公開
- [ ] 43. 情報公開法
- [ ] 44. 個人情報保護法

20 スピード・チェック
　　　　（p. 82～p. 83）
- 1. ボーダレス化
- 2. グローバル化
- 3. カルチャー＝ショック
- 4. 文化摩擦
- 5. 異文化理解
- 6. 自民族中心主義(エスノセントリズム)
- 7. サイード
- 8. オリエンタリズム
- 9. 文化相対主義
- 10. アイヌ
- 11. 同化主義
- 12. 多文化主義(マルチカルチュラリズム)
- 13. 自由
- 14. 世界人権宣言
- 15. 子ども(児童)の権利条約
- 16. ファシズム
- 17. ナチス
- 18. アウシュヴィッツ収容所
- 19. 原子爆弾(原爆)
- 20. 同時多発テロ
- 21. ラッセル
- 22. ヴァイツゼッカー
- 23. 荒れ野の40年
- 24. 政府開発援助
- 25. フェアトレード
- 26. アマーティア＝セン
- 27. 潜在能力(ケイパビリティ)
- 28. 人間の安全保障
- 29. ユニセフ
- 30. 人種差別撤廃条約
- 31. 難民
- 32. 緒方貞子
- 33. ユネスコ
- 34. 戦争
- 35. 青年海外協力隊
- 36. NPO
- 37. NGO
- 38. 国境なき医師団

付章 スピード・チェック
　　　　　　　　（p. 85）
- 1. ゲーテ
- 2. 汎神論
- 3. ドストエフスキー
- 4. 罪と罰
- 5. 魯迅
- 6. バッハ
- 7. パブロ＝カザルス
- 8. ブリューゲル
- 9. エル＝グレコ
- 10. ドラクロワ
- 11. ロダン
- 12. ゴーギャン
- 13. ムンク
- 14. 思春期
- 15. ピカソ
- 16. ゲルニカ

1 アタック（p. 86）
- 1. ピュシス
- 2. 人間性
- 3. コスモス
- 4. 自然哲学
- 5. 道
- 6. 無為自然
- 7. 万物斉同
- 8. 逍遥遊
- 9. 風土
- 10. モンスーン
- 11. 安藤昌益
- 12. 万人直耕
- 13. 自然世
- 14. 万有引力
- 15. 物心二元論
- 16. 機械論的自然観
- 17. 自然法
- 18. 自然状態
- 19. 自然権
- 20. F. ベーコン
- 21. 共生
- 22. 生態系(エコシステム)
- 23. R. カーソン

2 アタック（p. 87）
- 1. 善く生きること
- 2. フランクル
- 3. アレテー
- 4. 君子
- 5. 四端説
- 6. 知恵
- 7. 哲人政治
- 8. 朱子
- 9. 理気
- 10. 上下定分の理
- 11. 孝
- 12. 誠
- 13. 荻生徂徠
- 14. アウグスティヌス
- 15. ルサンチマン
- 16. 奴隷道徳
- 17. 人格
- 18. 定言命法
- 19. 絶対精神
- 20. 法
- 21. 人倫
- 22. ベンサム
- 23. 制裁(サンクショ

ン)
- [ ] 24. J. S. ミル

3 アタック(p. 88)
- [ ] 1. 個性化
- [ ] 2. 社会化
- [ ] 3. アイデンティティ
- [ ] 4. 発達課題
- [ ] 5. ポリス
- [ ] 6. フィリア
- [ ] 7. 正義
- [ ] 8. 譲渡
- [ ] 9. 信託(委託)
- [ ] 10. マルクス
- [ ] 11. 労働の疎外
- [ ] 12. ひと(ダス=マン)
- [ ] 13. アンガージュマン
- [ ] 14. 責任
- [ ] 15. レヴィナス
- [ ] 16. 顔
- [ ] 17. 全体性と無限
- [ ] 18. 外発的開化
- [ ] 19. 自己本位
- [ ] 20. 則天去私
- [ ] 21. 和辻哲郎
- [ ] 22. 間柄的存在

4 アタック(p. 89)
- [ ] 1. 快楽主義
- [ ] 2. エピクロス
- [ ] 3. アタラクシア
- [ ] 4. 隠れて生きよ
- [ ] 5. 教父
- [ ] 6. 神の国
- [ ] 7. 道徳性
- [ ] 8. 功利
- [ ] 9. 黄金律
- [ ] 10. 国家
- [ ] 11. 哲人政治
- [ ] 12. 最高善
- [ ] 13. 観想(テオーリア)
- [ ] 14. 無為
- [ ] 15. 小国寡民
- [ ] 16. トマス=モア
- [ ] 17. ユートピア
- [ ] 18. 知は力なり
- [ ] 19. ニュー=アトランティス
- [ ] 20. 一般意志
- [ ] 21. ルソー
- [ ] 22. 阿弥陀仏

5 アタック(p. 90)
- [ ] 1. ロゴス
- [ ] 2. アパテイア
- [ ] 3. 気概
- [ ] 4. 知恵
- [ ] 5. 思慮
- [ ] 6. 中道
- [ ] 7. 正見
- [ ] 8. 正思
- [ ] 9. 考える葦
- [ ] 10. 幾何学的精神
- [ ] 11. 繊細の精神
- [ ] 12. 良識
- [ ] 13. 情念
- [ ] 14. 自然法
- [ ] 15. グロティウス
- [ ] 16. 啓蒙思想
- [ ] 17. ヴォルテール
- [ ] 18. 百科全書
- [ ] 19. 理論
- [ ] 20. 実践
- [ ] 21. 自由
- [ ] 22. 絶対精神
- [ ] 23. ホルクハイマー
- [ ] 24. フランクフルト
- [ ] 25. 道具的理性
- [ ] 26. フーコー
- [ ] 27. 狂気

6 アタック(p. 91)
- [ ] 1. 生きがい
- [ ] 2. 生涯学習
- [ ] 3. 魂への配慮
- [ ] 4. 助産術
- [ ] 5. アカデメイア
- [ ] 6. スコラ哲学
- [ ] 7. トマス=アクィナス
- [ ] 8. 帰納法
- [ ] 9. 演繹法
- [ ] 10. デューイ
- [ ] 11. 創造的知性
- [ ] 12. 延暦寺
- [ ] 13. 山家学生式
- [ ] 14. 藤原惺窩
- [ ] 15. 上下定分の理
- [ ] 16. 石田梅岩
- [ ] 17. 懐徳堂
- [ ] 18. 漢意
- [ ] 19. 真心

7 アタック(p. 92)
- [ ] 1. 兼愛
- [ ] 2. 非攻説
- [ ] 3. 老子
- [ ] 4. 柔弱謙下
- [ ] 5. マキャヴェリ
- [ ] 6. 君主論
- [ ] 7. 戦争と平和の法
- [ ] 8. 万人の万人に対する闘争
- [ ] 9. リヴァイアサン
- [ ] 10. 目的の王国
- [ ] 11. 永久平和のために
- [ ] 12. レーニン

- □ 13. ロシア革命
- □ 14. アヒンサー
- □ 15. 非暴力
- □ 16. ラッセル
- □ 17. ヴァイツゼッカー
- □ 18. 山鹿素行
- □ 19. 士道
- □ 20. 不敬事件
- □ 21. 内村鑑三
- □ 22. 足尾銅山鉱毒
- □ 23. 非戦論
- □ 24. 平塚らいてう
- □ 25. 幸徳秋水
- □ 26. 大逆事件

8 アタック(p. 93)
- □ 1. 配分的正義
- □ 2. 調整的正義
- □ 3. ムスリム
- □ 4. シャリーア
- □ 5. 一切衆生
- □ 6. 慈悲
- □ 7. 万人司祭説
- □ 8. 自由意志
- □ 9. 王権神授説
- □ 10. 社会契約論
- □ 11. 一般意志
- □ 12. 道徳法則
- □ 13. 人格
- □ 14. 実存
- □ 15. 責任
- □ 16. 自由の刑
- □ 17. ロールズ
- □ 18. 正義論
- □ 19. 只管打坐
- □ 20. 身心脱落
- □ 21. 道元
- □ 22. 恩賜的民権
- □ 23. 恢復的民権
- □ 24. 匿名性
- □ 25. プライバシー

9 アタック(p. 94)
- □ 1. ミュトス
- □ 2. ヘシオドス
- □ 3. 創世記
- □ 4. 礼拝
- □ 5. 念仏
- □ 6. 唱題
- □ 7. 悔い改め
- □ 8. 信仰告白
- □ 9. 十戒
- □ 10. 律法
- □ 11. 六信
- □ 12. 六波羅蜜
- □ 13. 五戒
- □ 14. 上座部仏教
- □ 15. 浄土
- □ 16. 贖罪
- □ 17. 悪人正機
- □ 18. 恩寵
- □ 19. 弥陀の本願
- □ 20. 隣人愛
- □ 21. 菩薩
- □ 22. 神の国
- □ 23. 来世
- □ 24. 聖徳太子(厩戸王)
- □ 25. 梵我一如
- □ 26. マザー=テレサ

10 アタック(p. 95)
- □ 1. ピタゴラス
- □ 2. イデア(英知)
- □ 3. パウロ
- □ 4. アダム
- □ 5. イエス
- □ 6. 業(カルマ)
- □ 7. 輪廻転生
- □ 8. 孔子
- □ 9. 道
- □ 10. 神は死んだ
- □ 11. 永劫回帰
- □ 12. ニヒリズム
- □ 13. 限界状況
- □ 14. ハイデッガー
- □ 15. 死への存在
- □ 16. ケガレ
- □ 17. 禊
- □ 18. 黄泉国
- □ 19. 成仏
- □ 20. 往生
- □ 21. 生命倫理学(バイオエシックス)
- □ 22. インフォームド=コンセント
- □ 23. リヴィング=ウィル
- □ 24. QOL
- □ 25. ホスピス

11 アタック(p. 96)
- □ 1. 孝
- □ 2. 悌
- □ 3. ソクラテスの弁明
- □ 4. ソフィスト
- □ 5. ヨハネ
- □ 6. マリア
- □ 7. 神の子
- □ 8. 苦行
- □ 9. 縁起
- □ 10. エミール
- □ 11. 自然に帰れ
- □ 12. 家族
- □ 13. 欲望の体系
- □ 14. オーウェン
- □ 15. フーリエ
- □ 16. 核家族(夫婦家族)

20日完成
スピードマスター倫理問題集　解答

2016年 2 月25日　第 1 版第 1 刷発行
2021年11月30日　第 1 版第 7 刷発行

編　者	村西　龍
発行者	野澤　武史
印刷所	明和印刷株式会社
製本所	有限会社　穴口製本所
発行所	株式会社　山川出版社

〒101-0047　東京都千代田区内神田 1 -13-13
　　　　　電話　03-3293-8131（営業）　03-3293-8135（編集）
　　　　　https://www.yamakawa.co.jp/
　　　　　振替口座　00120-9-43993

Ⓒ 2016 Printed in Japan　ISBN978-4-634-05223-9

●造本には十分注意しておりますが，万一，落丁・乱丁などがございましたら，
　営業部宛にお送りください。送料小社負担にてお取り替えいたします。

- ☐ 17. 育児ノイローゼ
- ☐ 18. 少子化
- ☐ 19. ジェンダー
- ☐ 20. 女子(女性)差別撤廃条約
- ☐ 21. 男女雇用機会均等法
- ☐ 22. 高齢社会
- ☐ 23. 介護保険
- ☐ 24. ノーマライゼーション
- ☐ 25. バリアフリー

12 アタック(p. 97)
- ☐ 1. 若者文化(ユースカルチャー)
- ☐ 2. ボーダレス
- ☐ 3. 異文化理解
- ☐ 4. 自民族中心主義(エスノセントリズム)
- ☐ 5. レヴィ＝ストロース
- ☐ 6. 野生の思考
- ☐ 7. 美
- ☐ 8. 本居宣長
- ☐ 9. もののあはれ
- ☐ 10. ロダン
- ☐ 11. 考える人
- ☐ 12. ゴーギャン
- ☐ 13. ピカソ
- ☐ 14. ゲルニカ
- ☐ 15. パブロ＝カザルス
- ☐ 16. 無常観
- ☐ 17. 鴨長明
- ☐ 18. 徒然草
- ☐ 19. 能楽
- ☐ 20. 幽玄
- ☐ 21. ムンク
- ☐ 22. 思春期